# 同心崛起

## 弥合分歧、共创包容职场

〔美〕 萨莉·海格森 著
（Sally Helgesen）

陶尚芸 译

How We Can Bridge Divides
and Create a More Inclusive Workplace

机械工业出版社
CHINA MACHINE PRESS

本书分两部分论述了我们如何建立广泛的、有弹性的、多元化的关系网。第一部分分析了八个常见的触因，这些触因削弱了我们与那些经历和价值观可能不同的人建立联系的能力，让我们退回自己的舒适区，停滞不前。第二部分针对这些限制我们进一步成长的触因提供了简单而具体的日常实践，使我们能够突破思维的桎梏，发现自己的隐性优势，实现自身的持续发展。本书力图通过一系列心理和行动上的微小改变来提升我们拓展职场关系的能力，从而塑造我们的职业生涯，丰富我们的日常生活，扩大我们的影响力，同时也让我们成为世界上更强大的人，变得更加宽容、更加开放、更加自在。

北京市版权局著作权合同登记　图字：01－2023－1006 号。

## 图书在版编目（CIP）数据

　　同心崛起：弥合分歧、共创包容职场／（美）萨莉·海格森（Sally Helgesen）著；陶尚芸译. —北京：机械工业出版社，2023.10（2024.3 重印）

　　书名原文：Rising Together：How We Can Bridge Divides and Create a More Inclusive Workplace

　　ISBN 978－7－111－73920－3

　　Ⅰ.①同⋯　Ⅱ.①萨⋯②陶⋯　Ⅲ.①人际关系学-通俗读物　Ⅳ.①C912.11-49

　　中国国家版本馆 CIP 数据核字（2023）第 175560 号

机械工业出版社（北京市百万庄大街 22 号　邮政编码 100037）

策划编辑：坚喜斌　　　　责任编辑：坚喜斌　陈　洁

责任校对：丁梦卓　陈　越　　责任印制：单爱军

北京联兴盛业印刷股份有限公司印刷

2024 年 3 月第 1 版第 2 次印刷

145mm×210mm・8.625 印张・3 插页・170 千字

标准书号：ISBN 978－7－111－73920－3

定价：65.00 元

电话服务　　　　　　　　　　网络服务

客服电话：010－88361066　　机 工 官 网：www.cmpbook.com

　　　　　010－88379833　　机 工 官 博：weibo.com/cmp1952

　　　　　010－68326294　　金 书 网：www.golden-book.com

**封底无防伪标均为盗版**　　机工教育服务网：www.cmpedu.com

## 萨莉·海格森的其他作品

《身为职场女性》（*How Women Rise*）

《女性视野：女性在工作中的真正力量》（*The Female Vision：Women's Real Power at Work*）

《女性优势》（*The Female Advantage*）

**我们如何弥合分歧、共创包容职场**

献给：马歇尔·古德史密斯（Marshall Goldsmith）
他是我的朋友兼同事，也是灵感的源泉和支持的来源，
没有人比他更擅长"同心崛起"的艺术和实践。

# 人名说明

本书中的故事来自于我几十年来与世界各地客户的合作。故事里的人，我只用"名"不用"姓"，并略做修改以保护他们隐私。

此外，我的人际关系网广布全球，我向其中的数十名领导力教练、作家和专家寻求了见解。对于这些专业人士，我用的是辨识度较高的"全名"。

# 本书的赞誉

"在关于多元问题的讨论中，'方法'常常被忽略。而萨莉·海格森关注包容行为，提供了体验多元化的方法。本书是一本必不可少的手册，也是指导大家从意识到行动的全套指南。"

——阿里安娜·赫芬顿（Arianna Huffington），繁荣全球公司（Thrive Global）创始人兼 CEO

"萨莉·海格森对我的职业生涯影响很大。我刚开始在华尔街工作时，她的著作《女性优势》和《包容网》给了我莫大的启迪。《身为职场女性》和本书同样如此。本书优雅精妙、明智审慎、醍醐灌顶、极具感染力。"

——惠特尼·约翰逊（Whitney Johnson），十大管理思想家之一、《华尔街日报》（*The Wall Street Journal*）畅销书《聪明成长》（*Smart Growth*）的作者

"萨莉·海格森让我意识到领导力的重要性和包容性领导的重要作用。本书教会我们如何做到包容性领导。"

——汤姆·彼得斯（Tom Peters），《追求卓越的本质》（*The Excellence Dividend*）和《走向卓越的简明指南》（*The Compact Guide to Excellence*）的作者

"萨莉·海格森是女性领导力领域的传奇思想家，也是创造包容性工作场所的主要倡导者。在本书中，她为我们如何做到包容性领导提供了蓝图。"

——多利·克拉克（Dorie Clark），《华尔街日报》（*The Wall Street Journal*）畅销书《长线游戏》（*The Long Game*）的作者

"自从我在 20 世纪 90 年代读到《女性优势》以来，萨莉·海格森一直是我心中的英雄。在本书中，她将引人入胜的故事与实用的智慧巧妙地结合在一起，产生了巨大的影响。她分享了培养'我们'力量的行为调整模式，这是创造更具包容性文化的关键。"

——斯蒂芬妮·约翰逊（Stefanie Johnson），畅销书《包容》（*Inclusify*）的作者

"萨莉·海格森认为，包容性领导力的未来在于'姑且相信彼此'，以便把重点放在促进团结而不是分裂行为上。在本书中，她阐述了包容性实践的方法，将其与敬业度、满意度和绩效联系起来。"

——基思·法拉奇（Keith Ferrazzi），《别独自用餐》（*Never Eat Lunch Alone*）和《在新的工作世界中建立联系》（*Connecting in the New World of Work*）的作者

"在百思买集团担任 CEO 期间，我个人就运用了《身为职场女性》一书中的关键见解来促进多元化。现在，萨莉·海格森再次努力，为改变行为提供了不可或缺的指导，帮助每个人

都取得了进步。这是每一位领导者的必读佳作。"

——休伯特·乔利（Hubert Joly），百思买集团前 CEO、《商业的核心》（*The Heart of Business*）的作者、哈佛商学院高级讲师

"本书是构建公平、安全和多元化工作空间的完美指南。萨莉·海格森的标志性话语帮助我们更好地意识到阻碍我们前进的触因和习惯，促使我们建立可以帮助所有人进步的关系。这是商界行家的必读书，也是商业菜鸟的必修课！"

——向珊莹（Sanyin Siang），首席执行官教练、入选"全球最具影响力的 50 位管理思想家"榜单、《书的发行》（*The Launch Book*）的作者

"如果你想成为一个包容性的领导者，团结起来就是你的'GPS'定位。萨莉·海格森将帮助你提升自己的包容性，以更快的速度建立团队信任，并培养新一代的领导者。"

——埃丽卡·德旺（Erica Dhawan），《华尔街日报》畅销书《数字肢体语言》（*Digital Body Language*）的作者

"萨莉·海格森花了 35 年的时间帮助世界各地的女性发展她们的事业。在本书中，她利用这一丰富的经验，向所有人展示了高效支持同事跨越各种界限的方法。"

——明达·哈慈（Minda Harts），《备忘录》（*The Memo*）和《你不仅仅是魔法》（*You Are More Than Magic*）的作者

"随着女性在整个职场中变得至关重要，是时候了解那些创造包容性的心态、行为和习惯了。萨莉·海格森的著作基于她几十年的研究，可以帮助我们找到个人和组织真正需要

的'同心崛起'的机会。"

——乔希·贝辛（Josh Bersin），全球人力资源行业分析师

"这本实操手册是为这些读者准备的——他们认识到多元化是一种现实而不是一种愿望，开发一系列有意义的关系是必不可少的。萨莉·海格森是一位领导力教练和作家，她借鉴了真实的场景，提供了实际案例和练习，帮助我们建立一个广泛的、有弹性的多元化关系网。"

——《金融时报》（*Financial Times*）

"在本书中，萨莉·海格森为公司和员工如何解决多元、平等与包容文化（DEI）的难题提供了新的方法。她关注行事方式，提供了一个极具洞察力的具体途径，比如今大多数 DEI 方法更有效。"

——苏珊·费德（Susan Fader）

"本书的编写、整理和呈现都非常出色，对于那些对职场文化感兴趣的读者来说具有特殊的实用价值。"

——《中西部书评》（*Midwest Book Review*）

"读完萨莉·海格森的这本书，我对萨莉所阐释的八种常见触发因素的观点和洞察印象深刻，尤其是她提出了非常实用的解决办法，引人深思。这绝对是一本值得一读的好书。"

——王锐，英特尔公司高级副总裁、英特尔中国区董事长

"多元、平等与包容文化（DEI）近几年非常流行，但是它容易陷入一个大而全的框架中，反而容易让人不知从何入

手，推动怎样具体的改变。本书恰好从另一个维度，跳出大而全的框架，从我们日常工作中常见的触发因素入手，提供许多可执行、易落地的方法。改变，可以就从一次真诚对话、一次非正式求助、更新一个假设开始。"

——李倩玲，仲量联行大中华区首席执行官

"作为一家全球性企业的女性管理者，我有幸与许多优秀的女性共事，见证了彼此在各自的舞台精彩绽放。萨莉·海格森的系列作品在我长期的职业发展中给到了指引，我坚信从细微的行为习惯改变开始，就能让每个日常都不寻常。包容性领导力和女性领导力在未来一定会受到更广泛的认可。"

——王幸，凯度集团大中华区 CEO 暨凯度 BrandZ 全球主席

"关于如何打造一个真正有归属感的文化，如何支持更多女性突破内在和外在的天花板，这本书给了我很多顿悟时刻。书里举了许多就像发生在身边的故事，提供了针对性的建议。我希望这本书可以启发更多在中国推行多元包容文化的领导者、实践者，不是以主导人群和少数人群的对立或者零和游戏为立场，而是找到'同心崛起'，共同努力的方式。"

——梁戈碧，微软亚洲互联网工程院院长、微软 Teams 及 SharePoint 中国区副总裁、微软亚太研发集团多元与包容委员会执行主席

"多元包容正是这个混沌时代所需要的精神，企业想要实现多元战略，必须有所行动。萨莉在本书中提供了夯实的实战指南，从'单打独斗'升级到'共同协作'，无论你是一名

CEO还是企业领导者，这本书将帮助你引领组织走向更广阔的未来，让多元实践真正成就企业成功。"

——Rosa LEE，博世中国及亚太区人力资源执行副总裁

"我很欣赏这本书从更广阔的意义上谈论多元化，因此它会以某种方式触及每个读者。作者帮助我们从反思和认知各种偏见阶段跃入更积极的实际行动。她鼓励自我驱动，并且崇尚联盟互助。我们甚至没有意识到常见的触发因素是如何遮挡了我们的视线并使我们的行动夭折，她提供的换个角度应对触发因素的各种建议会让大家眼前一亮，努力将某些挑战和触发因素转化为正向机会，掌控局面。我相信，读者会发现这本书是指导如何在日常生活和工作中延伸盟友、共同拥抱多元化的操作指南。"

——王艾英，恩华特大中华、东南亚及印度区域总裁兼首席执行官

"很多时候我们会忽视解决问题的最大前提是定义清楚问题，然后才有讨论如何解决的空间。萨莉·海格森的这本书给了我们极好的示范，她从常见的触发因素入手，解构了到底什么是阻碍建立多元包容工作场所的原因，从而使我们在寻找潜在解决手段时有了更微观和更有可操作性的切入点。此外，我尤其喜欢她强调同心崛起这一点，真正的包容是'愿意相互求助'、能够'坚定立场的人'，在展现自我脆弱的过程中，把个人的力量转变为'我们'的力量。"

——石俊娜

"关于女性如何在职场上打造影响力，展现自身价值，这是一本难得的既理性客观地分析了男性和女性的差异点，又不制造男女对立，而是强调共创包容性，以及既指出问题又给出具体方法的好书。无论你是初入职场，还是已经在职场上叱咤多年，相信这本书都能给你带来不一样的思考，帮你从小的行为改变开始，成就闪闪发光的你。"

——高琳，有意思教练 CEO、畅销书《故事力》《职得》的作者

"萨莉·海格森的这本书针对企业在构建多元包容的职场环境所面临的挑战，提出了八个常见的触发因素，并详细阐述了如何有效地克服它们。其中，我深有同感的是关于'信心和能力'：作者没有像其他职场鸡汤一样过度渲染自信的作用，而是强调实际能力的作用，以免陷入过度自信的'全能悖论'。同时，在多元和包容的基础上，营造有归属感的文化，使得企业中的所有人，不论职位高低，都会真诚地为'我们'共同的崛起而努力。我非常相信，该书能够加速中国职场多元包容的发展，塑造健康的职场文化。"

——谢晓清，英特尔软件和先进技术事业部副总裁、英特尔亚太研发有限公司总经理

"关于多元化组织文化建设的探讨，很容易着重笔墨讲述意义、框架和概念，但到底如何去做，是很多人依旧会有的困扰和纠结。萨莉·海格森的这本书给了我们很多解题思路和具体方法。书中提到的很多案例，让我一边阅读一边感觉'这不就是今天我们遇到的情况'。于启发思考之外，它是一

个教练，一本实操手册，可以给到我们很多'这个方法可以去试一试'的建议。我很愿意把这本书推荐给组织中的每一位同事。"

——姜春鸣，群邑大中华区首席人才官

"在辅导近 200 位女性发展的过程中，我一直在问自己，为什么是女性？重视女性的发展对于整个社会的独特价值是什么？我深刻感受到女性的发展限制绝不仅仅代表其性别独特性，更展现了由系统的隐性约束造成的普遍内在限制和内耗对话。通过看见女性这一数量众多的非优势群体，能帮助我们理解普遍存在的外在系统和内在发展的关系；通过激励女性成长，能帮我们找到适用于更多人的突破系统约束和个人局限的方法。萨莉·海格森的这本书来的非常及时。它不仅很好地总结了全社会已经在践行的行动，还激发了读者推动更多改变的紧迫性。就像萨莉·海格森所说，不必等思维改变而带来的行动改变，在这里不如以行动改变带来思维改变。希望我们一起践行，让职场更多元包容，每个个体更加绽放，共勉。"

——姚瑶，思特沃克（Thoughtworks）零售事业部总经理

"萨莉·海格森是全球女性领导力方面的顶级专家，但是她的这本书不仅适用于女性，而是适用于所有人。她告诉我们每个人如何具体去做，可以认知和避免由我们的自我背景、可能的偏见、假设、情绪等带来的对于触发因素的负面反应和结论，从而构建在多元复杂的环境下的包容性文化。在我

看来，这更是一本关乎自我认知的书，不为自我设定而被限制。书中的每一个故事都似曾相识，因为它们就天天发生在我们的身边。说之易，行之难，如何从简单日常的行为进行调整，萨莉·海格森在这里也给我们提供了答案。"

——杨樱，赛诺菲中国区战略与业务发展负责人

"谈到多元包容，我们总是会谈到自上而下的策略、治理架构、目标制定，萨莉·海格森的新书给我们提供了一个新的路径——基于实践的方法，自下而上的变革路径，这使组织中的每个人都有机会推动和塑造包容职场文化，我读后深受启发，希望推荐给更多的 CEO 和业务领导者。这本书将给你更多的视角和想法去解决如何在组织中切实落地多元包容的问题。"

——吴朝晖，富美实（FMC）中国区总裁、北亚区业务总监

"萨莉·海格森的这本书使我受益匪浅，这是每一个在职场中的女性都应该细读的非常实用的工具书。女性在职场上易受到歧视，更糟糕的是女性往往无意识地贬低自己。萨莉·海格森用大量的实操案例不但提醒女性陷入低能量的原因，更重要的是提出如何从心态上和行动上应对不公正待遇，鼓励女性勇敢地站出来，平等自信地表达自己。正如本书结尾的倡议，让我们以积极的方式影响世界，让自己努力变得更强大，让世界变得更美好，愿每一个女性都拥有强大的内心并自豪地展示自己的能力。"

——黄长青，安盛天平财产保险有限公司首席市场营销及公共事务官

"这是一本令人心潮澎湃的书。无论你是在职场中奋斗的

女性，还是希望帮助女性实现她们的目标的人，或者组织内倡导与推动多元包容文化的高层领导者，这本书都值得一读。作者的洞察力和实践经验使这本书不仅仅是一本理论指南，更是一个实用的工具。"

——范晶，中宏保险首席客户官

"这是一本非常值得一读的书，书中充满实践的智慧，它通过丰富的案例分析和深入研究，探讨了如何减少触发我们的因素，并且系统地建立包容职场的环境。同时，这本书也引导我们思考如何更勇敢地追求自己的梦想。在这个日益多元化和注重精神世界的时代，它鼓励我们互相包容、追求平等，共同成长和进步。"

——王静（飞雪静静），探路者联合创始人、登山探险家

# 推荐序一

近年在国内推动多元包容文化、赋能职场女性发展的过程中，发生在身边的两个故事非常触动我，也和作者萨莉在书中所倡导的主张遥相呼应。

**故事一：当管理层有多元包容的视角，可以怎样改写一位职场女性的命运**

在一家全球科技公司中国区，一位女性高层管理者需要为公司甄选一位区域业务负责人，对任何一个候选人来说，这都将是很好的发展机会。这位管理者在盘点人才后锁定了三位候选人——一位是她认为经验丰富且胜任力强的女性候选人，另外两位是经验更少且处于成长阶段的男性候选人。

首先，她决定找到这位女性候选人，了解她的想法和意愿。然而，她并没有得到一个坚定的回答，而是得到了女性候选人的迟疑、犹豫和抗拒。这位女性候选人说："我觉得在现在的岗位还有很多要学习，也还没有准备好应对如此巨大的挑战；另外，9月我女儿就要上小学了，我担心我家里事情多顾不过来。我需要回去和家里人商量一下。"

接下来，管理者约见了两位男性候选人，她听到的答案分别是："谢谢你的考虑，我觉得我非常适合这个机会。""我觉得我在现在的岗位已经做得很好，可以随时准备去下一个阶段接受挑战。并且我马上就可以把手上的工作安排好，立刻到岗。"

如果你是这位管理者，面对三位不同的候选人，尤其是两位男性候选人展现的坚定、野心、积极主动，而女性候选人展现出的不自信、迟疑、瞻前顾后，你会不会觉得这位女性候选人似乎不太想要这个职位？如果意愿度也是你衡量一个候选人重要的因素，这位女性候选人可能会出局。

故事的转折点发生在这位管理者在和这位女性候选人谈话之后，她回想起自己企业内辅导过的上百位女性员工，她们有时候会对更大的目标"不敢想、不敢要"，或者因为过于顾及家庭的责任与压力而把自己夹在中间。她想，这位女性候选人可能并不是不想要这个机会，而是不敢要和不知道如何平衡这个选择对家庭的影响。

于是，她决定进行一次"干预"。她找到那位女性候选人谈话，向她提出了一个深刻的问题："如果你能抛开一切的恐惧和顾虑，你真正想成为怎样的自己？"这个问题引发了一场深入的对话，女性候选人开始看到了自己的潜力和价值，也勇敢地表达了对挑战更高职位的渴望。而更重要的是，管理者问了另一个关键问题："你需要什么样的支持？"并且管理者和女性候选人分享了作为过来人平衡家庭和成为自己的经验，帮助她更好地判断在当前阶段新的天平会怎么再次平衡。

最终，这位女性候选人接受了挑战，成功地担任了区域业务负责人的职位，并且表现得非常出色。她的任职也为公司创造了优秀的业绩，而如果没有这位高层管理者的理解和干预，也许公司会错失这位杰出的女性管理者人才。

**故事二：一位强有力的男性盟友的选择，一位勇敢向前的女性管理者**

在一家全球化企业中国区的工厂中，厂长是一位拥抱与积极倡导多元包容文化的男性管理者。那一年，工厂要实施一个重大的变革，这个变革对于整个工厂和业务的发展至关重要，他需要一位得力干将挑起大梁。他想到了一位女性候选人，他认为她的能力强，可以很好地担此重任，但唯一的顾虑是，他知道这位女性候选人当时家庭中正遇到很大的挑战，他略有犹豫这是否会影响她的表现。

在一番考虑后，厂长还是选择了这位女性候选人挑起大梁。在她任职期间，厂长观察到她的表现非常优异，家庭的挑战非但没有让她的工作表现受影响，而且家庭的问题也逐渐被解决，她整个人的工作和生活状态都变得更好了。

在年度个人发展谈话中，厂长对这位女性管理者表达了非常真诚的感谢："谢谢你帮我挑起这么大的担子，即使在家庭遇到挑战的时候也没有放弃。"那位女性管理者却反过来说："是我要感谢你才对，谢谢你对我的信任，而且抓住各种机会在厂里分享我的'优秀事迹'，给我很多支持和鼓励。并且在这个过程中，我发现因为在工作中找到了自己的价值，找到了让自己发光的工作方式，我在家庭中的困境也得到了解决。"

一位没有因为家庭挑战而歧视女性候选人的管理者。

一位没有因为家庭挑战而放弃职场进阶的女性。

这是一个"同心崛起"很好的案例。

这两个故事之所以触动我，是因为故事中的两位女性在职业发展的道路上遇到了内在和外在的挑战，如不够认可自我价值、兼顾工作与家庭的矛盾——这样的挑战几乎存在于每一位女性的职业生涯中。

但这两个故事的女主人公因为所在的组织有多元包容的文化，因为她们的上级领导对文化的践行，故事的走向和结局都没有停留在传统脚本——女性在职场上受挫或面临天花板，而是在系统的支持下，她们的职业生涯走向了新的高度。

就像萨莉在本书中写的许多个发生在全球各地的案例一样，它们也真切地发生在中国。

## 践行多元包容文化——发挥系统的力量

在讨论职场女性及少数群体的发展时，人们时常将焦点放在支持女性或者某一少数群体个人能力发展上。

以女性发展为例，企业中的女性人才项目常见的主题包括如何变得更加自信、如何发挥女性领导者的独特优势、如何在谈判中胜出等。我们需要看见的是，职场女性的发展离不开两个重要的系统：工作所在的企业系统和家庭系统。

企业系统以直接可见的方式影响女性职业发展，如招聘晋升时是否有显性或隐形的歧视、公司的工作强度与工作文化、公司崇尚的领导者风格、是否有支持职场女性发展的公司承诺与保障机制等。

家庭系统以一种更不可见的方式影响女性的职业选择，如考虑什么时候结婚生育、家庭中伴侣和长辈对于女性的工作是鼓励还是反对、孩子成长的阶段、需要从事的家务劳动的多少等，因为在职场中我们较少坦诚地讨论家庭生活的细节，它更像是冰山以下的因素，以一种更隐形却不可忽视的方式存在着。

这本书之所以具有里程碑意义，就在于萨莉将职场女性与少数群体发展放在一个系统层面来思考，当我们在支持职场女性发展和少数群体发展时，将视角从个体升级到系统——聚焦于如何践行多元包容文化，构建有归属感的文化，从而支持在其中的每一个人释放最大的潜能。它不再是某个群体单打独斗、自我赋能的一个脚本，而是共同努力、彼此支持的新脚本。

就像前文中分享的两个故事，因为组织中多元包容文化的践行，两位候选人得以突破传统意义上职场女性的天花板，抓住机会实现更大的价值。两位高层管理者的决策背后亦代表着组织的文化，发挥着系统的力量。

### 多元包容的浪潮正在席卷而来，同心崛起指引我们从日常践行开始

多元包容文化或多元、平等与包容文化（Diversity, Equity and Inclusion，简称 DEI）近年成为热门概念，它是指：创建一个环境，在其中每个人无论有什么个体差异（性

别、年龄、国籍、种族、宗教、身体状况、社会经济情况、信念系统等），都被尊重和欢迎，并公平拥有资源和机会，充分参与贡献和发展。

助推它热门的原因有很多，有时代的思潮助推它登上全球各大 CEO 关注的议程，也有企业在面临复杂多变局势下需要调动更为多元的人才以提高决策质量与创新力的内在需求，或是在面临新生代人群时吸引人才的重要抓手，还有直接的推动力是来自资本市场对 ESG（环境、社会及管治）的要求。以港交所为例，它对于多元化，尤其是性别多元化制定了明确的指标：所有上市公司必须在 2024 年 12 月 31 日之前委任至少一名其他性别的董事。此外，对于有意在港上市的 IPO 申请人，其董事会成员不可全属单一性别；并且在 2022 年 1 月 1 日及之后开始实施：新增强制披露要求，规定上市公司需要就董事会层面的性别多元制定目标及时间表，在全体雇员层面需要披露全体员工包括高级管理人员的性别比例，披露其为达到性别多元化而订立的任何计划或可计量目标等。这样的性别多元化披露，会直接影响上市企业 ESG 评级，从而影响企业在资本市场的表现。

多元包容是一个层次非常丰富的议题。而提及多元包容文化，企业中的领导者和推动者也时常犯难。这听起来是一个抽象的概念，该如何落地，又如何衡量？

本书就是一本实用的多元包容文化的实践指南。

书的第一部分阐述了萨莉在企业工作中观察总结出来

的，触发人们走向多元包容的反面的八大触发因素。在阅读的过程中我时常发出"太妙了"的感叹，因为它仿佛描述的就是我遇到的情景。同时，萨莉在书中提供的建议极具民间智慧，她讲的不是听起来很对且无法反驳的做法，相反她的建议非常务实、接地气、具体可操作。毫不夸张地说，这是我读过的几十本关于多元包容的书中，最有实践洞见、行动智慧的一本书。

书的第二部分是萨莉总结的关于构建包容职场、打造归属感文化的具体建议，并且她的建议非常落地和可操作。在书的最后一章，有一段非常触动我。萨莉提到，许多女性以及有一部分男性对权力不感兴趣。这时候马歇尔·古德史密斯会问一个有趣的问题："你相信，如果你和像你一样的人拥有更多的权力，这个世界会变得更好吗？"大多数人会说相信。他继续说道："那你为什么不努力变得更强大呢？ 难道你不想让世界变得更美好吗？"

同样的问题，送给有幸打开此书的每一位朋友。并问一声，你呢？

我们崛起，是为了更好地共同崛起。

陈永敏

女性联盟（WAG）创始人

# 推荐序二

近几年，越来越多的读者关注性别平等和女性职场话题。这当中大多数可能都是女性。身为男性，我也一直置身其中。为什么我会亲力亲为全情投入到性别平等、女性领导力及多元、平等和包容的职场系统建设中呢？

最初的动力源于我生命中对我影响最大的三位女性：我的奶奶、外婆和小学启蒙恩师万老师。奶奶让我见证了新中国第一代独立知识女性的崛起，外婆让我看到了曾经身为家庭主妇的她如何含辛茹苦独自撑起一个家，万老师则让我体会到在职场和家庭的持续默默的奉献与付出。

20世纪50年代，奶奶丧偶后决定离开老家，带着两个儿子来到广州闯荡，后来进入一家医院工作，梦想着成为一名医生。当时周围的人给她最多的建议是，女性考上卫生学校当个护士就很圆满了。这是妇女在医疗卫生体系里最适合的位置。可奶奶偏偏决意要考医学院。她是幸运的：奶奶得到了后来的爷爷的鼎力相助，当时的医院院长和妇产科主任（两位都是男性）也相当给力。她顺利地成为了一名优秀的妇产科医生。在家里，奶奶非常不容易，带大两个儿子，后来还要帮忙带大我。

相比之下，外婆长期生活在"男主外女主内"的传统家庭环境里。外公是中医，外婆则在家照顾老人和养育"五朵金花"。直到外公离世，外婆瞬间要承担起养活六个人的责任。她别无选择，在独自一人拉扯大五个女儿的同时，还必须要做各种零碎工作来养家糊口。作为丧偶女性，这副担子无比沉重，外婆没有流过一滴眼泪，咬着牙挺过来了。

我的启蒙老师万老师上山下乡来到江西。后来她努力争取到了当小学老师的机会。她全情付出，关注着班里面六十多位学生，甚至自己掏钱让母亲从上海给学生们定期寄来书报杂志。后来她的伴侣却无法理解和支持她这样的"女强人"，留下她独自一人既要拼命工作，带着几十个孩子们，又要抚养自己的女儿。她以苦为乐一路撑下来。

即使在如今女性占多数的医疗卫生和教育领域，奶奶和万老师走过的路远非一帆风顺。工作之余，在家庭里，她们还要承担着巨量的"无报酬劳动"。在很多外人眼里，这一切似乎理所当然。记得小时候每次去外婆家吃年夜饭，总是家里的女性们忙前忙后，最后上桌吃饭的也是她们。我实在不忍心看下去，就带头和她们一起下厨，提出必须所有人上桌才可以动筷子。家，就是每个人都可以做自己、都付出和彼此尊重，并且每个人都平等的起点。

我时常在想，如果所有女性都有均等的机会主动选择自己的教育、职业和生活方式，而且可以得到周围人的理解与支持，那么她们的人生会是什么样子？ 这个世界会是什么样？这让我想起了另外一位美国女性的故事。

在 20 世纪 80 年代的一间会议室里，一位年轻女性（而且是房间里唯一的女性），为与她的上级讨论的问题提供了一个潜在的解决方案。一阵绝对的沉默之后，会议继续进行，好像她什么也没说过。会后，这位女性的上司的上司说了一句话："哦！你绝不羞于分享你的想法。"这位女性简单地回答："是的，我敢。"

畅销书作家和著名教练萨莉正是这位年轻女子。她仍然不知道那一刻发生了什么。当她上司的上司走开时，她担心冒犯他会让她失去工作。但令她惊讶的是，事实并非如此。

两个月后，萨莉无意中听到他与另一位同事交谈，说道："你知道，我喜欢萨莉的一点是她敢于说出自己的想法。"

女性、少数族裔等群体经常因为男性常见的行为而受到批评（就像萨莉在董事会中所展示的那样）。他们可能会被认为过于咄咄逼人或专横，只是因为敢于发声。萨莉分享说，在她的指导中，经常有人问她如何让他们的贡献得到认可，同时又不会显得过于雄心勃勃或咄咄逼人。她分享道："由于这些批评，我们经常在试图管理他人的看法上投入过多。"

在她的最新著作《同心崛起：弥合分歧、共创包容职场》中，萨莉分享了她在 20 世纪 80 年代的董事会会议室发言后学到的经验，提供了建立更具包容性的人际关系、团队和工作场所的实用方法。

萨莉的这些真知灼见令我有种相见恨晚的感觉。这些年来，中国的职场性别平等展示出进步，比如中国的职场女性数量全球最多，女性就业率长期高于全球平均水平。与此同时，仍然存在诸多挑战：在晋升通道上，中国女性仍然面临中层管理瓶颈和高管职场天花板，不同行业和岗位的性别结构性差异仍然存在，职场环境的全方位平等有待改善。

记得当年我初入职场，发现刻板印象和潜意识中的偏见无处不在。这些不仅仅是针对女性，也针对那些"与众不同"的人。面对重重挑战，我们不再沉默和忍受。有越来越多的人在觉醒、在发声、在行动。在麦肯锡，我们站在公司价值观和战略的高度，将多元、平等和包容视为公司价值观的重要组成部分，将支持职场女性发展视为"持续投资"而非"投入"，并于2018年在时任全球董事长的亲自参与下，将原来处于自发草根状态的相关"兴趣小组"升格为系统性推动多元、平等和包容的平台。之后大量举措出台落地，与萨莉倡导的具体行动不谋而合。莎莉关注的是行为——我们如何行动，而不只是偏见——我们如何思考。这有望以一种接地气的现实方式重新引导包容性对话，让我们走到一起。

在这个长期的探索和实践过程中，很多女性已经勇敢地主动"向前一步"（Lean In)。我热切地希望可以进一步"共同向前"（All In)。这的确是从女性单打独斗到一个系统性的人人参与共创职场包容的旅程。当男性成为职场女性的"盟友"，全社会的"抱团"行动将大大加快职场性别平等的进程。

职场男性可以考虑以下做法：一是积极主动地了解并倾听职场女性的心声，有意识地纠正自身潜在的性别偏见，从而提高职场性别平等意识；二是清晰地表明自己的"盟友"身份，积极投身职场性别平等行动，发起、参与支持女性的行动，在女性面临困难或不公平待遇时勇敢发声；三是创造更大的"盟友"影响力，主动成为职场女性的"导师"或"伯乐"，身处管理岗位的男性应积极为自己的组织和团队创建平等、多元、包容的文化。

站在企业的层面，分享最佳做法、相互取长补短、共同进步也是不可或缺的。早在2018年，我就一直梦想着可以有机会和更多的企业交流学习，把跨企业的力量联结起来，建立一个女性联盟，共同推动女性和多元包容文化的发展。在2019年，我有幸应邀去谷歌中国的办公室，在一个有关多元包容的圆桌分享会上做主题发言。在这里我遇到了永敏，她当时在谷歌中国推动一个女性赋能与多元包容的工作坊，叫作IamRemarkable，她的热心、真诚和全情投入的故事和能量深深地打动了我。我们当场一拍即合，开始大胆畅想组建一个企业间的女性联盟（Women Alliance Group，简称WAG)，致力于支持女性潜能释放，助推企业多元包容文化发展，共创社会积极变化。2020年疫情来袭也没有使我们停下脚步，同年6月正式联合十家企业发起跨行业的社区女性联盟，联结跨行业、跨企业的力量，共同支持女性发展和打造多元包容的职场环境。

所有这些"共同向前"的实践与萨莉倡导的"同心崛起"真的是同频共振。如果说女性自己"向前一步"（Lean In）开启了一个时代，"共同向前"（All In）和"同心崛起"必将把我们所有人带向一个更为从容、更加多元、更加和谐共融的新时代。在这个时代里，我们彼此学习、彼此提携、彼此成就，共同成长。

记得有一句老话："每一个成功的男人的背后，总有一个默默支持他的女人。"我渴望有一天，我可以自豪地说，在很多成功的女性和投入多元包容企业的背后，我总是那位毫无保留支持的男性。All in, rising together! 让我们全情投入，同心崛起！

李广宇

# 序 言

几年前，我应邀在拉斯维加斯的建筑业超级大会（Construction Super Conference）上发表一场关于女性领导力的演讲，这是建筑业重要的年度盛会。鉴于我在世界各地的会议上发表过数百场这样的演讲，我对自己将会遇到什么场面已有一个先入为主的概念。我期待有100名左右在男性主导的行业工作的女性到场，因为她们正苦于得不到关注、欣赏和重视。我预计她们会渴望了解如何塑造自己的职业生涯，以及在面对怀疑或冷漠时如何争取到必要的支持。

我在到达酒店的会议室后发现一大堆人站在那里，其中大约60%是男性，我的实际情况和我预期的很不一样。以前我出席过众多的类似场合，有人告诉我，观众中会有男性，但通常实际到场的男性只有少数几位。

而拉斯维加斯的这场大会中男性到场率太高，我感觉自己准备错了演讲内容。所以我问到场的男性，是什么启发他们参加这场会议的。一群人举起手来。"现在很多优秀的人才都是女性，"一位身材魁梧的项目经理解释说，"但我们很难雇到女性。我们即便雇到女性，也常常留不住她们。如果我们不能想办法为女性创造更好的工作环境，我们就不会有什么未来。"

还有一位高管甚至直言不讳。"我们希望您不要浪费时间来解释为什么培养和留住女性对我们的行业很重要，"他说，"我们知道所有原因。但我们不知道该怎么做。我们一点头绪也没有。"

对此，我提出了"同心崛起"的建议。

如何同心崛起，才是问题的关键。当我们试图建立真诚、丰富的人际关系，以跨越不同身份间的潜在鸿沟时，每个人都在寻找线索——而且这个潜在鸿沟不仅仅存在于不同性别之间，也存在于不同种族、民族、性取向和代际之间。

鉴于全球每个角落的工作场所都日益多元化，我们都需要培养必要的技能，并与我们认为可能与自己不同的人建立牢固的关系。无论我们是高级领导、经理、个人贡献者、新员工、企业家、专业服务提供者、主管还是零工，都是如此。

在尴尬的、不稳定的或令人困惑的情况下，熟练地建立职场关系的能力给了我们一种表达感激和善意的方式。即使我们周围的世界在发生变化，这种关系也能让我们沉浸其中，甚至保持流畅状态，还能帮助我们创建高效组织所依赖的、和睦融洽的、全员高度参与的团队。

这对每个人都有利。

我写本书的目的是要从两个方面解决建立广泛的、有韧性的、多元化的关系网的挑战。

本书的第一部分指出了八大常见触发因素，它们削弱了我们与那些经历和价值观可能与我们不同的人建立联系的能力。当情况、期望、误解或恐惧阻止我们凭直觉获悉对我们和周围人有利的方式时，这些触发因素就会被激活。于是，我们退回到自己的舒适区，这让我们停滞不前。

但发现潜在障碍只是第一步。我们还需要采取积极行动。这就是为什么本书的第二部分提供了简单而具体的日常实践，使我们以个人方式，在我们的组织和团队中营造有归属感的文化。

"归属感文化"这个术语可能让你听起来很模糊或过于理想化。然而，它是可以明确定义的。

归属感文化是这样一种文化，其中尽可能大比例的人：

- 感到对组织有所有权，将其视为"我们"而不是"他们"。
- 相信他们因为他们的潜力以及他们的贡献而受到重视。
- 察觉到他们的重要性并不严格与他们的职权地位挂钩。

关键问题是：如何灌输这些情感、信念和观念？

根据我的经验，行为和行动是关键。这与近年来在组织中处理多元议题所强调的思维模式、假设和寻找无意识偏见的主流做法形成鲜明对比。

将包容视为一种实践、一种方式，体现在具体的行为中，使其变得具体又可行，而不是停留在模糊不清的愿望或泛泛的善意表达。这也使其变得可衡量：

- 如果你听到有人用"他们"来形容他的公司或公司领导，你可以打赌，他没有体验到包容性。
- 如果有人说她的老板对她的真正才能知之甚少，你可以肯定的是，她并没有感觉到自己是一个支持性团队的一员。
- 如果你的团队成员认为只有最重要的人才能得到倾听的机会，那么，你可能在包容方面的得分为 D（不及格）。

### 眼下这个特殊时刻的紧迫性

现在迫切需要创造归属感文化，因为人们前所未有地想要离开那个让他们感到被低估、疏离或疲惫的工作场所。然而，留住员工的压力并非现在才有，毕竟员工的敬业度普遍不高。盖洛普（Gallup）的年度全球工作场所状况调查结果显示，2019 年被调查者中只有 15% 的员工表示自己对工作感到积极投入。因此，新冠疫情带来的额外压力会引发工人的大规模离职潮也就不足为奇了，这就是所谓的"大辞职"或"大流失"。

这是一场等待爆发的危机。它为组织和我们每个人提出了一种新的紧迫任务，即在包容和归属方面取得更大进步。这是我们这个历史时刻面临的挑战。

我在本书中提倡的基于实践的方法来自我的直接经验。在过去的35年里，我在全球38个国家工作，始终肩负着双重使命。我帮助女性和其他传统的边缘人群认识、表达并发挥她们的最大优势，并找出可能阻碍他们前进的内在障碍。我还帮助企业建立包容性文化，使尽可能多的人能够贡献自己最好的才华。

这项工作让我有机会在多种场合采访成千上万的人。

我曾在开罗的宰马利克岛的一个院子里度过了一个下午，在那里，从头到脚穿着天蓝色衣服的女人们一边剥玉米皮，一边讨论她们的职业抱负。

我曾在东京的寿司店坐到凌晨，在那里，高管们松开了领带，点了清酒，哀叹文化局限使他们的组织停滞不前。

我听过硅谷和新加坡的女性人工智能工程师（她们是地球上受教育程度和技能非常高的女性之一）描述她们害怕直接谈论自己的技能和抱负，因为这会被认为"野心太大"。

也有非裔美国男性找到我，他们渴望将自己与传统白人男性领导者的经历与马歇尔·古德史密斯（Marshall Goldsmith）和我在《身为职场女性》（*How Women Rise*）一书中描述的女性领导者的经历进行比较。

这些以及其他成千上万的不同遭遇让我确信，现在是我们广泛合作并帮助彼此崛起的最佳时机。鉴于21世纪20年代以来挥之不去的动荡局面和经济紧张局势，这可能会让一些人感到过于乐观，尤其是考虑到过去15年的混乱所引发的非常现实的分歧。

然而，正如我在拉斯维加斯所看到的，以及我在旅行中所听到的，企业对于如何让尽可能广泛的人群参与进来的问题变得越来越认真。领导者们不再像20年前那样，期望高度多元化的员工队伍会像往常一样简单地适应常规业务，或者期望人们为了努力融入其中而压抑自己的个性。正如一家位于美国中西部的"财富100强"制造公司的首席信息官（CIO）最近透露的那样："我们终于得到了'我们需要在员工们工作的地方与他们见面'这样的信息。我们有很多东西要向他们学习。"

同样重要的是，曾经在公司里传统的边缘人群、不确定自己的角色或前景的人，对自己的贡献价值更加确信，也更加坚定地希望自己的潜力得到认可。事实上，在各个层面上不断增长的自信心正是人们越来越愿意放弃那些在表面上看起来不错但他们感觉却是有损尊严、不满意、与自己的才华不匹配或可能是死胡同的工作的主要原因之一。

这种递增的信心也促成了更大的团结，因为那些过去被视为传统边缘人群的人更渴望相互支持，也更善于彼此支撑。

团结是一个过时的词汇，长期以来与劳工或学生罢工联系在一起。如今这个词需要重新定义以适应一个将活跃的分裂力量和显著且强大的团结力量交织在一起的时代。当我们关注我们的共同点和我们正在努力实现的目标（我们共同的根源和共同的目标），而不是强调我们之间的分歧或我们可能感到亏欠的地方时，团结现象就会产生。虽然团结往往是在人们的痛苦体验中产生的，却可以让人们总是有所期待。

"黑人的命也是命"（Black Lives Matter）和"我也是"（MeToo，反性骚扰运动）等社会运动是我们这个时代加强团结的关键活动，可以让人们公开表达对那些很少被分享、经常被掩盖的痛苦的排斥。此外，在全球组织中发展起来的网络、倡议举措和员工资源小组（ERG）给了那些以前被迫适应环境的人一个发言权和一方讲坛。在过去，许多身居要职的人不太愿意加入，甚至不愿公开支持这些举措和组织。例如，在20世纪90年代，客户公司经常要求我为服务于更为基层或中层的女性员工网络争取高层女领导的支持。大多数拒绝提供支持的高层女性指出，她们"努力让自己成为一名领导者，而不是女性"，她们担心如果她们给予支持，可能会削弱她们来之不易的地位。

如今，高层女领导更有可能将支持进阶中的女性员工视为一个突显自己、提高能见度和建立有用关系的机会。总之，这是个人事业发展上的一招妙棋。由于许多高层女性目前已从这些举措中受益，她们将以一种被视为"把爱传递出去"的方式，积极为那些即将崛起的女性提供支持。我在服务于有色人种和性少数群体的网络中也看到了类似的演变。

历史告诉我们，团结的力量是强大的，它的放大效应甚至可以改变貌似无可救药的混乱局面。强大的组织（或者国家）可能很快就会因内斗和分裂而瘫痪，而当人们团结在一起，关注"我们"而不是"他们"时，非凡的事情就会神速发生。

### 回到如何崛起的问题

如前所述，本书确定了可能破坏"同心崛起"的触发因素及支持这种进程的实践方法。我相信，这种基于实践的方法之所以强大，正是因为它植根于日常经验，而不是政策或理论。它提供了一条自下而上的改变之路，让我们每个人都有机会塑造我们所处文化的面貌。

这种方法也比思维定式或无意识的偏见更有帮助，因为它依赖于一个可观察到的事实，即人们更直接地受到我们对待他们的行为（即我们的行动）的直接影响，而不是受我们当时脑海中想法的影响。此外，尝试新的行为通常比试图改变我们的内在想法更容易。实践新行为增加了我们从周围人那里得到不同反应的可能性，这反过来会导致我们体验不同的经历。这些经历可能会以一种更有机的方式改变我们的思维。

我们都知道这是怎么回事。

例如，我们认为自己不喜欢某个人。作为回应，一种无意识的偏见可能会就此产生。结果，我们发现，我们不仅在思考我们为什么不喜欢这个人，而且也在思考我们为什么不喜欢这类人。

后来，我们与这个人打交道，尽管有些尴尬，我们还是尝试了一种更加开放和肯定的方式行动。我们得到了积极的回应，很快就发现我们和这个人有很多共同之处。我们开始修正之前对这个人的看法。随着时间的推移，我们可能会开始重新思考我们对那些我们认为在某些方面与其相似的人所做出的假设。

这种心理演变反映了一个简单的事实：用行动形成一种新的思维方式比用思维形成一种新的行为方式更容易。

这就是为什么本书要求我们考虑这个问题：如何通过微小的行为调整来支持我们拓展职场关系，从而塑造我们的职业生涯，丰富我们的日常生活。这样的拓展可以扩大我们的影响力，同时也让我们成为更有智慧的人——更广博、更开放，在这个世界上更加自在。

# 目　录

第一部分

# 八大常见的触发因素

# 第一章

---

## 触发因素的本质

我们同心崛起，因为我们理解阻碍我们前进的常见触发因素

几十年来，我目睹了一些特定的情况在工作中引发了男性和女性关系的负面看法和反应。这些情况如此常见，感觉就像我已经看了太多次的某出戏中的某些场景。

## 场景 1

有一位女士，我们姑且叫她珍吧。珍在一次大的团队会议中分享了一个创意。可惜，没有人回应她，也没有人说一句话。10 分钟后，有一位男同事，让我们叫他马克吧，他提出了同样的观点，并很快得到认可："好主意，马克！你可以告诉我们这个想法如何运作吗？"

珍很生气，因为大家把她提出的创意归功于马克，但她不愿意挑拨是非。毕竟，真正重要的不是谁得到功劳，而是

创意本身，是不是？如果她就此说了什么，不就显得小气了吗？她不想让别人觉得她很委屈，也不想让别人觉得她是受害者。和马克为敌是没有意义的，所以她试着忽略自己的怨恨，告诉自己要继续努力。

然而，随着会议的进行，珍却陷入沉思，回想起其他类似的事情发生在她或公司其他女性身上。这些回忆助长了她的怨恨，加深了她被忽视和被低估的感觉。会议结束的时候，她已经很郁闷了。

在外面的大厅里，她拉住她的朋友香塔尔，将心中的郁闷一股脑儿地宣泄出来："你能相信大家的反应吗？好像我的建议就是马克的创意似的。我也见过同样的事发生在你身上。男人就是听不进女人的话！"

## 场景2

杰森告诉年轻的下属金姆，他想推荐她去申请公司内部公开发布的一个职位。他觉得她很适合这份工作。杰森喜欢建立一种互谅互让的关系，在提升他人的同时，增强自己的人脉力量，并建立可能在未来对自己有用的关系。此外，该公司一直鼓励男性更积极地与女性结成盟友，所以这似乎是一个得分的机会。

可惜，金姆犹豫了，说她需要时间考虑。杰森不知道有什么可考虑的，但他同意了。几天后，金姆来到杰森的办公室，告诉他虽然她很感激他的邀请，但她觉得自己还没有准备好接受新的职位。她说："我看了一下招聘启事，我并不具备该职位列出的所有技能。另外，关于现在的工作，我还有很多东西需要学习。"

杰森听到金姆贬低她自己的能力，认为在申请新工作之前需要掌握所有技能的说法只是一个蹩脚的借口。他想知道，她是不是那种缺乏野心的女同事。就在上个月，另一名女同事拒绝了一次有望让她晋升到主管职位的机会。这是怎么回事？该公司试图推动女员工向前发展，但女员工似乎在反抗。杰森很失望，他决定放弃金姆。

这些都是常规情景，类似的事情时有发生。这些场景的共同之处在于，它们通常会引发常规反应。常规反应根植于观察和经验，这些观察和经验塑造了我们的预期，而我们甚至没有意识到这一点。我们通过我们过去观察到的（或自认为观察到的）或者我们对待其他人或这个世界的信念，来解释当下发生的事情。

这很正常。我们人类就是这么做事的。常规反应对我们很有吸引力，因为它们为我们处理经常出现的情况提供了心理上方便的捷径。常规反应让我们感到轻松，因为它们是我们所熟悉的；它们让我们感到满足，因为它们证实了我们已经准备好相信的东西。但是，常规反应剥夺了我们选择的机会，因此削弱了我们处理随时可能引爆情绪的日常情况的能力。

我的同事马歇尔·古德史密斯写了一本关于情绪触因的

书，其中提到，那些激怒我们、激起情绪、导致我们做出反应的事件很少符合我们的利益，却可能会进一步加剧我们的艰难处境。马歇尔将情绪触因定义为形成我们的思想、语言或行动的任何刺激或情境。他指出，情绪触因是环境因素。也就是说，它们存在于我们自身之外。

正因为如此，我们无法控制引爆情绪的事件。但我们可以控制自己的反应。如果我们不这样做，我们就把权力拱手让给了环境，任由自己被随意的言行左右。也就是说，我们允许自己被环境伏击。我们抑制了自我改变和成长的能力。

情绪触因的影响范围很广。我们可能在开车时被激怒，也可能被家庭成员惹恼。在本书中，我们主要关注的是常见的情绪触因如何削弱我们跨越广泛的分歧而建立建设性关系的能力。由于我们的工作场所和社区日益多元化，识别和消除这些情绪触因将成为一项越来越不可或缺的技能。

如果不能解决工作场所抛给我们的常见触因，我们就会失去有用的盟友，限制我们的协作能力，降低我们的工作表现，阻碍我们职业生涯的发展。它还会损害我们团队的健康，并导致我们组织的功能障碍。情绪触因的影响可能是个人的（比如，我们未能充分发挥我们的潜力），也可能是系统性的（比如，我们的公司卷入了一场混乱的诉讼）。但无论损害的范围有多大，放任情绪触因会阻碍我们成为我们想成为的人，阻碍我们建立每个人都能茁壮成长的工作场所。

近年来，大学院校强调和鼓励人们保护自己和他人免受潜在的情绪触因的影响，这对那些不久后进入一个需要应对各种人的工作环境的学生造成了极大的伤害。我们每个人都需要意识到这些情况的影响，这样我们才能找到有效的应对方法，而不是回避触发事件，避免潜在的敏感遭遇或控诉。如果我们把自己当作含羞草，受到外力触碰会立即闭合，无法处理干扰自己的情况，那就会严重损害我们与那些我们认为与自己不同的人建立有效关系的能力。这将削弱我们创造令人满意的事业和充分发挥自身才华的能力。

## 我们给自己编的故事

根据我的经验，情绪触因是导致男性和女性最终退回到性别孤岛的主要原因，还缩小了他们的经验范围，剥夺了他们之间的有效连接。这就是马克在会议上借用珍的创意而受到赞扬之后，珍向香塔尔控诉和争取同情时所发生的事情。珍与一位女同事分享她的怨恨，可能会暂时缓解她因被忽视而感到的情绪压力。但是，发泄情绪只会强化她为解释所发生的事情而给自己编的故事：**"男人就是听不进女人的话！"而这增加了她继续陷入消极状态的可能性。**

正是我们感到被激怒时给自己编的故事让我们陷入困境，限制了我们做出有效的反应。

这个过程是这样的：

首先，触发事件启动了一种让我们措手不及的情绪反应。我们感到肾上腺素激增，内心深处突发一种不祥之感，想要躲闪，盲目狂怒，假意答应。或者，我们可能只是感到困惑。我们的第一冲动可能是猛烈抨击。但如果在工作中，我们会担心这迫使我们付出代价，所以我们试图压抑自己的情绪，继续前进。如果做不到，我们可能会抓住一个机会向富有同情心的同事抱怨，这就是为什么这么多工作时间被浪费在抱怨和毫无意义的八卦上。

通过这种方式，我们对情绪触因的反应在形成有毒文化方面发挥了作用，这种文化使我们彼此对立，合理化尖刻的批评，浪费了大家的时间。

然而，无论我们是默默忍受还是放纵发泄，当情绪被触发时，我们几乎总是会做的一件事，那就是努力把发生的事情放在某种背景下。这就是讲故事的切入点。我们根据过去的经验或看法编造故事，以这种方式推卸责任，为我们自己开脱，并放大冲击力。

这些故事让我们感觉更好，我们可能不会停下来质疑它们是否准确或对事情是否有所帮助。然而事实是，我们的首选故事很少能给我们带来好处。当这些故事跨越不同人群时，它们尤其具有破坏性。

因为这些故事依赖于刻板印象，它们强化了我们可能存在的偏见。这使我们很难看到他人的独特性。相反，在我们看来，他们只是一个群体的普通成员。此外，我们的故事通常强调我们自己的无辜（"我不知道！我从没想到他会……"），它们往往会加深我们的委屈感或受害感，这对所有人都是一种日益严重的危险。

由于我们无法控制他人，我们最好的办法就是承认情绪触因给我们造成的情感压力和精神影响。这是必要的第一步，它可以使我们能够选择一种增强我们尊严并符合我们利益的反应。

## 替代脚本

虽然触发因素和状况不在我们的控制范围之内，但我们给自己编的故事却不这样。这就是我们为什么要编造一个不同的故事来解释所发生的事情，它是创造条件让我们确定有效反应的最简单、最有效的方法。

但首先，我们需要注意并接受我们的情绪正被触发的现实，而不是以一种自私自利的方式去框定这一事实。

- 我们不会告诉自己**这不应该发生**。我们接受这个事实。
- 我们不会告诉自己**我不能处理这件事**。我们接受我们需要这样做。
- 我们不会告诉自己**我无法相信这个人会干**……我们接受他干了。

练习这种接受（或者说是面对现实）的心态，给我们提供了一种超然的衡量标准去创建一个替代脚本，该脚本可以将刚刚发生的事情置于一个不太激烈的视角。

这样做并不是盲目乐观，也不是拒绝否认。它是基于一种务实的认识，即积极的故事能让我们掌控局面，从而做出战略决策。毕竟，我们是选择如何讲故事的人。我们是那些能够决定什么样的解释能够最好地帮助我们前进的人。

创作一个积极的脚本，还会阻止一系列由我们常用的故事所强化的自动假设。这些熟悉的故事证实了我们有权利感到被人鄙视和不受尊重，或者受了委屈。相比之下，一个新的叙述方式为我们提供了避免自己陷入困境的方法。

下面让我们看看，在前面描述的两个场景中，叙述过程是如何改变故事结局的。

## 场景 1 后续

首先，珍会向自己承认，她对马克的干预感到恼火，而不是试图压抑自己的感受，或者告诉自己应该忽略它并继续前进。相反，她只会注意到，马克重复了她的想法（并因此得到认可），激发了她一连串熟悉的想法和假设，这些似乎可以解释发生了什么：

- 这里的男人就是听不进女人的话。
- 男人总是团结一致。
- 我不可能不反击，我就这么小心眼儿。
- 我感到不受尊重和无人理睬，我陷入了困境。

相比之下，珍意识到自己默认了一场太熟悉的内心对话，促使她给自己讲了一个故事，让她有能力感受到尊重和倾听。她不加评判地承认，她感觉发生的事情损害了自己的声誉，她可以用一个新的故事为自己开辟一条前进的道路。

例如，她可以告诉自己，马克可能重申了她的想法，因为他同意她的想法，并试图支持她。或者她也可以认为，他是在总结她说的话，试图进一步阐明她的想法。这些解释和这些故事都在假设他是无辜的、他是善意的，这样可以增加获得积极结果的可能性。

事情是这样的：珍认为这个替代脚本是真是假并不重要。即使她很确定马克是在抢她的功劳，但创造一个积极的故事也能帮她掌控局面。修改故事脚本让她能够重新诠释一个痛苦的情境，还赋予了她许多方法来表达自己想要的东西。在这种情况下，她需要认可，而不是把马克叫出来吵架。

例如，只要马克一开口，珍就可以回答："我很高兴马克同意我刚才说的话。谢谢你，马克！"然后，她可以在会议结束时拦住马克（而不是抓住香塔尔进行毫无结果的抱怨）："很高兴知道你和我在这个问题上想法一致。我很乐意和你讨论我们下一步该怎么做。"

即使当时珍觉得自己遭受了意外打击，无法做出有建设性的回应，她仍然可以在事后采取行动，让情况变得对自己有利。例如，她可以在第二天早上给马克发电子邮件，说她很高兴他同意她的想法，并建议俩人约定一个时间来探讨合作。

请注意，采取这些积极的行动让珍有机会宣称她提出的想法属于她自己。当然，这不仅仅是她自己的想法，马克现在也参与进来了。但是，改写自己的故事可以让她把赌注押在现实中，如果一味地承受损失或愤愤不平，会增加她被晾在一边的可能性。此外，她还向马克和其他所有目睹这场交流的人展示了她不会让自己被忽视或被碾压的态度。

根据我的经验，这种方法通常会激励别人真正开始相信你新编的故事。如果该方法支持他们期待一个积极的自我形象，他们为什么不愿意呢？他们不是被塑造成你的对手，而是突然发现自己被视为你的盟友："嘿，是的，我就是这个意思，我是想支持你。"最棒的是，你让他们突然意识到这一点。下面谈谈战略性地主张控制权吧！

问题的关键在于，此时此刻，无论这种交流是被迫的还是不真诚的，它都是有价值的，因为它服务于你的利益，同时也让世界变得更美好。它使你能够建立原本可能无法建立的连接，这会把潜在的负面情况变成你的优势。

情况能有多糟呀？

## 场景 2 后续

当金姆拒绝杰森推荐她去应聘他在招聘广告上看到的职位时，杰森感到被愚弄了。她一直是一个出色的贡献者，他认为她会渴望升职。她的不情愿让他感到困惑，但考虑到他团队中的另一位女性最近拒绝了一次晋升，他认为这一定是女性思维模式的一部分。女性似乎乐于埋头苦干大量的工作，但不太渴望获得重大胜利或将自己定位成参与者角色，这意味着她们没有太多成为盟友的潜力。因此，尽管公司鼓励男性支持她们，但杰森认为这样做没有多大意义。

如果杰森考虑了另一种说法，情况可能会有所不同。

- 他可以告诉自己，在一个由 70 名优秀男性组成的团队中，金姆是仅有的 3 名女性工程师之一，她可能不习惯被支持，也不知道如何回应他的提议。
- 他可以认为，金姆之所以不重视自己的能力，可能是来源于过去没有得到过积极的反馈，他下定决心要让她在未来得到一些积极的反馈。
- 他可以质疑，她认为自己必须具备胜任新职位的所有技能，这可能是对申请新职位的期望的误读，而不是一个蹩脚的借口。

使用上述任何一个脚本，都将给杰森提供一条积极的前进道路。他本可以试着更好地了解她对工作的感受，以及她想从自己的职业生涯中得到什么，而不是直接放弃她。正如教练兼咨询顾问克里斯·卡比（Chris Cappy）指出的那样："如果你可以问出那些重要的问题，比如，什么对你来说是重要的，或者你想从工作中得到什么，你就永远不知道你能怎样帮助别人。这意味着有时你必须推动谈话。这就是作为盟友的全部意义所在。"

如果杰森没有急于得出金姆缺乏雄心的结论，他可能会思考如何让团队更有效地合作，以及如何与金姆建立更富有成效的关系。这对他们彼此都有好处。毕竟，公司正在大力推进多元文化，这意味着会有更多的女性将加入他的团队，也会有更多的女性将担任高管职位。杰森要磨炼自己作为女性支持者的技能，这可能是一个明智的职业选择。

## 真实的陷阱

设计一个积极的故事来解释一个触发事件，这种方法简单而有效。它只要求我们放下我们的防御性假设（"马克试图窃取我的想法""金姆永远不会成为一个关键人物"），这样我们就可以把精力投入到一个建设性的方法中。

积极的故事脚本需要一定的慷慨精神。我们姑且相信某人，即使我们不确定此人值得我们这样做。这可能感觉有点牵强，但这样做可以提升我们建立广泛关系的能力，以及在压力下保持活力所需的韧性。

然而，当我与客户合作时，我经常会在编写替代脚本方面遇到阻力。最常见的反对意见是什么？人们认为这是在装模作样。

典型的评论包括：

- *"我为什么要给自己编一个故事，当某人表现得像个混蛋？这看起来既不诚实又不真实。"*

- "比起虚伪，我更喜欢真实。做真实的自己很重要。"
- 女性说："为什么女人总是要适应男人的标准和行为？我有权按照自己的信仰行事！"

十多年来，我们经常被告诫要"展现真实的自我"，在这之后，我们可能会把这种策略视为对他人诚信的威胁，这一点也不奇怪。但是，过度关注我们的第一反应会增加我们被触发的易感性，限制我们做出有效反应的能力。

我称之为"真实的陷阱"。

因为我们对自己是谁（或者我们认为自己应该是谁）抱有一种特定的愿景，所以我们想当然地认为，采取这种策略就会构成对自己的不忠，背叛自己的价值观。而事实上，我们只是在尝试一个新想法，看看它是如何运作的。

我的同事马歇尔·古德史密斯把这种真实的陷阱称为"过于追求做自己"。他指出，对自我定义的过度忠诚会阻碍我们进化、成长和从经验中学习。他认为这种固执（"我就是我！"）是一种毫无意义的虚荣，它阻碍了我们做出改变，而这些改变将帮助我们和我们周围的人。

显然，我们谁都不能从假装自己不是的人或事中获益。但是，编写替代脚本不需要这样做。它只是要求我们避免相信我们对某个情况的第一反应，这样我们就可以考虑一系列的解释了。

这并不是说，我们对自己虚伪或不真实。它只是提醒我们可能不知道所有的答案，我们的直接判断可能不正确。我们还要认识到，即使这些判断是正确的，据此采取思维行动可能也不是我们前进的最有效途径。

## 超越本能反应

针对编写积极脚本的另一个常见的反对意见，就是担心这样做会使我们容易遭遇操控。这话我听多了。"如果我对一个实际上试图破坏我的人持'姑且相信'的态度，那我不就是在葬送自己的利益且把自己的权力拱手让人吗？"

如果我们不加批判地接受我们的乐观主义剧本，我们当然会遭遇这样的不幸。但这不是我们要做的事情。我们只是简单地用一个积极的故事代替了一个消极的故事，同时仍然意识到这两个故事都可能有真实的成分。重要的是，我们的新脚本是我们选择考虑的另一种解释。这使我们能够在情况需要时灵活切换。

记住这一点也很有帮助，即使有人试图破坏我们，姑且相信他们仍然会非常有效。首先，当我们感觉受到威胁时，积极的新故事有助于肾上腺素的平稳。肾上腺素分泌增加会导致我们产生熟悉的战逃反应，该反应是我们人类遗产的一部分，旨在保护我们免受捕食者的侵害，并使我们生存下去。当我们的情绪一触即发时，肾上腺素就开始工作，让我们很难以一种适宜的方式做出反应。肾上腺素也会让人"一时兴起"，导致我们的脉搏加速、呼吸变浅。这使我们的思维变得混乱，处于被动的状态。

相比之下，假设积极的意图可以平复我们的反应，为我们争取时间，让我们自己安定下来，并有意识地继续前进。我们没有感到措手不及、愤怒或无助，而是赢得足够的时间来考虑一系列的反应。此外，正如前面提到的那样，当我们表现得好像不知道对方实际上是有意对抗时，他们可能会改变自己的行为。他们可能会发现，他们更喜欢我们对所发生事情的描述，因为这美化了他们的自我形象，肯定了他们是很棒的人。

他们得到了我们的信任，如果他们相信我们的故事是正面的，那么，他们可能会决定采取更好的行动。

## 尝试新脚本

我受邀去指导特蕾莎，她是一个地区博物馆协会的执行董事，与前任董事会主席关系密切。但她在上任后不久，就因处理家庭问题而辞职了。新主席拉里立即开始控制局面，并且在董事会每月例会上刁难特蕾莎。

特蕾莎会花几天时间准备她给董事会的报告，结果却被拉里痛斥，因为他认为她做错了。当她试图解释自己的理由时，他只会加大力度喊停。她认为他的行为让其他一些董事会成员感到不舒服，但没有人站出来为她说话，这让她感到孤立和不受尊重。他一走，她就想逃离房间。

我问她是怎么想的。

她说："他是个控制狂，而且我碰巧知道他想让别人接替我的工作。所以现在他想证明我是个自不量力的人。说实话，我自己也开始有这种感觉了。基本上，我觉得他是想让我脱轨，希望我放弃并离职。"

我注意到她的解释可能是正确的。但这就留下了她应该如何处理这种情况的问题。她有什么想法吗？

"也许我该和其他董事会成员单独谈谈。他们也许能让拉里停止叫板。"

我问她是否认为这样做可能会遭人误会，有人会以为她试图分裂董事会或要求他们选边站队。

她认为这是有可能的。

我问她是否认为董事会成员中有人会真正影响拉里。

"可能不会。他是整个协会的负责人，他与主要赞助商和媒体都有最好的关系，所以大家都放他一马。"

特蕾莎明白这一点，又考虑了其他董事会成员在会议上表现出的被动状态，她真的指望他们中有人会质问拉里的行为吗？

"可能不会。而且我明白，他会迁怒于我。但我想不出还有什么别的办法。"

我建议特蕾莎换个角度重新解释拉里的行为。如果她告诉自己，他实际上是想通过公开测试她来让她变得更坚强，从而成为一个更强大的领导者呢？即使情况并非如此，这也给了她一个机会，让她把他当作一个支持者来对待，并寻求和重视他的意见。这样可能会激励他改变策略。

"但这不会让我显得懦弱无能吗？"特蕾莎反对道，"我可以想象自己会失去在整个董事会中的信任。"

我建议她可以表现得对拉里并不感到害怕，对自己能从他身上学到东西而感到好奇。这可能会让所有参与其中的人松一口气。

特蕾莎同意努力去编写另一个故事脚本，表现得好像她认为拉里的做法是一种有益的干预。她担心自己会在一个她实际上认为"有点像杀手"的男人面前变得脆弱，于是，我们决定训练她的肢体语言，让她为下次会议做准备。

如果自己能在拉里讲话时集中精力坚持自己的立场——待在自己的思维空间里，只是与他的目光接触，以一种超然而深思的方式倾听——她就会向她自己、拉里和在场的每个人传递一个信息，即她既开放又活力四射，还乐于学习，但不会被拉里的批判吓倒。

特蕾莎在之后一次会上尝试了这种方法。事后她报告说："我只是专注于深呼吸，慢慢地呼吸，让他的话语在我耳际翻滚，同时告诉自己他只是想帮忙。当拉里开始说刺激我的话时，这种方法分散了我的恐慌。就好像我的大脑从我的身体得到了一个信息，即我可以应对他的攻击。这让我感觉更强大，效果远超我的预期。"

在接下来的几个月里，特蕾莎继续这样做，她发现自己变得足够冷静，能够意识到拉里实际上提出了一些有帮助的观点。"当他说了一些我认为可以借鉴的东西时，我开始要求他停下来深入剖析，并让自己忽略他其余的话语。我不觉得这样做是懦弱的，因为我能控制自己。我是那个为自己选择参与会议的方式而编写剧本的人。这让我觉得自己在拉里和董事会的面前更有力量。"

特蕾莎改变了她对拉里的刺激话的反应，从而改变了她自己的体验。当拉里开始说刺激话的时候，这种思维使她更容易以一种对她有用的方式做出反应。这就是替代方案如此有用的原因：它们使我们能够超越由过去经验激活的常规反应。改变讲故事的思维方式，让我们有能力挑战情绪被触发时的自动反应。相反，我们创造了一个帮助我们改变和成长的环境。

## 重要警告

为了我们自己、我们的事业、我们的团队、我们的组织和我们的家庭，我们能做的最重要的事情就是准备好应对触发事件，而不是任由其伏击和破坏我们。这种准备工作可以使我们更强大，使我们的头脑更清醒；可以帮助我们在采取积极行动的能力基础上与盟友建立联系，而不是寻找伙伴来发泄；可以提升我们的自尊，使我们在充满挑战的环境中表现出专业人士的形象；可以证明我们已经准备好承担更重要的角色，即领导者、导师和有价值的同事。

我在本章中概述了一些分散触因的技巧，并将在本书中提供更多的技巧。它们在很多情况下都很有用，在性别、种族、民族和年龄引发情绪波动的情况下尤其如此。在接下来的章节中，我们将看看这些最常见的触因是如何运作的，以及我们如何加以分散，将其转化为我们的优势。

但首先，有个重要的警告。

我并不建议大家用本书中的技巧来对付真正有害的文化行为，比如故意或持续的骚扰，明确或含蓄的威胁，以及身体或心理的打击。像替代脚本这样的工具，对于滥用者来说既不合适也没效率，它们倾向于提高赌注作为维持控制的一种方式。比如，试图消除虐待现象，并不能让我们走上一条更有成效的道路，这可能只是推迟了更极端的攻击而已。

虐待不仅是对受虐待者的威胁，也是对整个系统的威胁。因此，我们应对施虐者的时候需要拥有权力和大量资源，其中包括人力资源和法律专业人士，最终还会涉及司法系统。这种救济超出了本书的范围。

解决行为触因的技巧，也不是应对组织中持续存在的招聘、晋升或公平薪酬等系统性不平等的正确方法。这也需要采取系统的对策，可能涉及集体行动或法律诉讼，并从获得专业支持中受益。

我在本书中试图提供的是一些想象空间大且已被验证为可行的方法来应对那种常规和常见的挑衅，这些挑衅不具虐待性，却会破坏职场关系，削弱我们的快乐和能力。压抑这些日常触因所激起的情绪，或者诉诸抨击那些挑起这些情绪的人，对我们没有任何好处。我们也不会反应过度或放大招（"我要向人力资源部投诉！我要打电话给我的律师！"），也不会在社交平台上公开。

因为事实是，这样的反应往往适得其反。即使是正当的做法，也可能会影响我们的声誉，让我们暴露在公众的审视之下，招致社交媒体的暴力，并让我们的职业生涯付之一炬。相比之下，能够识别和面对常见但痛苦的触因，为解决可能令人愤怒但不属于虐待的情况提供了建设性的手段。

# 第二章

---

## 触因 1：能见度

我们通过获得能见度，同时承认他人的贡献而同心崛起

成功的职业生涯通常建立在三大支柱之上：专业知识、人脉和能见度。其中，能见度是最没有认可度的。

我们都知道，我们必须掌握做好工作所需的技能，甚至需要非常出色的技术。我们得到的信息是，培养强大的人脉支持网络是必不可少的。但很少有人告诉我们，我们需要一个有意识的计划来促使我们的贡献得到认可，尽管这样做对我们很多人来说并不容易。

这就是为什么能见度是一个触因。由于我们经常基于不充分的信息进行操作，我们开始形成自己的想法：即能见度为什么重要或不重要。而这些判断可能会触发我们的情绪。

根据我的经验，能见度有三种截然不同但彼此相关的触发方式。让我们依次分析吧。

## 我们会因为自己缺乏能见度而被触发

我们努力工作，兢兢业业；我们努力成为一个可靠的同事和靠谱的执行者。然而，我们常常觉得自己的努力成果没有被人注意到，我们也没有得到相应的回报。我们以为自己该得到的升职机会却给了一个技能不如我们的同行。当公司领导谈论高潜力人才（我们讨厌这个词）时，我们的名字从来没有出现在光荣名单上。即使是那些重视我们工作的人似乎也没有意识到，只要有一点机会，我们就能为此做些什么。

我们告诉自己，我们不应该在乎并试图从我们的实际表现中得到安慰。我们付出了额外的努力来继续磨炼我们的技能。但随着时间的推移，我们会长期感到不被认可和被低估，这可能会导致我们从自己努力做的工作中脱离出来。我们开始怀疑自己是否在正确的公司或在正确的位置。尽管我们很努力，但似乎没有什么吸引力。也许是时候向前看了。

向前看，也许是明智之举，也许不是个好主意，但有一件事是肯定的，如果我们在下一份工作中没有得到认可的计划，我们会发现自己处于同样的境地。这是因为确保我们的贡献得到关注的责任在于我们自己。

## 善于引起注意的同事触发了我们

当能见度的缺失触发我们的情绪时，我们通常会有两种反应。如前所述，我们可能会对自己或自己的工作感到失望，最终失去希望；或者，我们可能会把怨恨转向外界，转向那些似乎不费吹灰之力就能吸引注意力的人。

这很常见。事实上，我在研讨会上被问到最多的一个问题就是："我怎样才能让别人注意到我的成就，而又不表现得像团队里的那个混蛋？"

"他为什么是个混蛋？"我问。

"他爱炫耀，太自以为是了。和他在一起，所有的事情都是我在做。可怕的是，貌似他的伎俩很奏效。他被看成是一个能手。但我宁愿低调，也不愿像他那样。"

这个提问者把自己置于一个经典的非此即彼的困境中。她要么继续做对自己不起作用的事情，同时努力成为一个有价值和谦逊的人（比她团队中的那个自吹自擂的人要好得多），从中获得满足感，要么试图模仿她鄙视的那个同事的行为。

她把自己逼到了这个角落，因为她对自己无法引人注目的怨恨让她变得爱评判别人。也许她团队里的那个家伙是个混蛋，但事实是，他在练习一项她没有掌握的技能。如果她不那么不屑，就可以把精力用在研究他的工作上，并使之适合她自己的风格。

- 他说："我让客户对我言听计从。"她可以说："我觉得我和这个客户之间有一种真正的联系。"
- 他指出："每个人都说我做得很好。"她可以说："我的努力得到了令人满意的回应。"
- 他声称："我取得了出色的成绩。"她可以说："我们团队在这个项目上取得了重大胜利。我带来了我们芝加哥的客户。"

这位提问者在明确她所能提供的东西的同时，缓和了同事傲慢的风格，这在很多方面都对她自己有益。这将使她能够以一种让她感到舒服的方式，为自己的成就获得荣誉。这将使她超越非此即彼的思维。而且，这也可以平息她对那些付出必要努力而得到认可的同事的不满。

我称之为"人际合气道技术"。

在合气道中，你利用对手的体重来对抗他们，让他们踩到你，而你可以优雅地移到一边。这个微妙的策略的目的是让你的对手失去平衡，而你却牢牢地扎根在原地，这样你就可以从一个强大的地方前进。

我们关于"混蛋"的例子非常具体地说明了这种方法。这位女性可以展示一种更慷慨的方式来获得关注，并给男同事一个绝佳的机会去强调他以自我为中心的本质。这样，她就不必急于做出判断，而只需站在一边，让别人来对比她和他的做法。

在政治上，这被称为"给对手足够的机会，让他们自己给自己找麻烦"。

## 苦拼能见度的人触发了我们

如果我们有提升自己的天赋，就可能会被那些拒绝这样做的人触发。我们认为他们是缺乏天赋的苦工和苦力；或者，我们可能会判定他们是势利小人，因为他们认为在晋升中讲信义不值得。

这样的判断可能会激励我们采取达尔文主义（适者生存）的方法。正如我共事过的一位高管所宣称的那样："在这里，成败在此一举。如果你不能为自己说话，如果你不知道如何让自己受到关注，我的工作就是让你远离聚光灯。"

如果我们满意于自己的才华和能见度，就会很难同情那些在奋斗的人。我们没有认识到内向性格的价值。我们忽略了这样一个事实：那些来自主流群体之外的人，在试图表现自信时，往往会被拒之门外。或者，我们为自己的明星地位感到骄傲，可能会把别人的技能视为"纯粹的能力"而不屑一顾。这可能会削弱我们对努力工作的承诺，并怂恿我们把事情抛到一边，认为其他人可以处理细节。

尽管我们才华横溢，但是那些和我们一起工作的人却开始把我们视为"混蛋"。

## 确认偏见的危害

上述三种"能见度"触因，表面上如此不同，却有一些重要的共同点。

首先，每一种情况都会让我们高估成功事业所依赖的三大支柱之一：

- 能见度不足的现状触发了我们，导致我们高估了专业知识的价值。
- 善于引起注意的人触发了我们，导致我们以消极的方式过度投身于建立联系。如果我们在精神上诋毁某人，我们可能会寻求与那些和我们一样势利的人建立联系。
- 苦拼能见度的人触发了我们，可能会导致我们低估专业知识的价值，这是成功人士的一个常见陷阱，也是他们最终"熄火"的一个常见原因。

每一种反应都让我们沉浸在自我服务的叙事中。我们给自己编故事，说明为什么我们采取的方法更优越，可以让我们成为更好的员工或更好的人，抑或证明我们对取得成功所需的东西有着更现实的理解。

这些自圆其说的故事并不会让我们成为坏人。它们只是表明我们是人类，倾向于赞扬我们自己的信念和才能以努力证明我们自己的方法恰到好处。

这些故事也为行为科学家所称的"确认偏见"提供了一个完美的例证。它是一个这样的过程：我们的大脑扫描环境，寻找我们已经相信的证据，同时过滤掉可能支持其他观点的信息。

比起接受那些在我们脑海中闪过的即兴杜撰，一个更有用的方法就是将这些故事片段视为让我们识别那些触发了我们自己内心情愫的线索，因为这正是它们所传达的信息。每当我们听到自己说（甚至是想）："我永远不会……"或"我不是那种……的人"，我们指的是别人的行为，我们可以肯定的是他们的行为触发了我们。

正如在第一章中提到的那样，这是一个暂停和调整我们内心对白的理想时刻。哦！我明白了，我被触动了。也许我该质疑一下我一贯的说辞，也许我能从这里学到点什么。

## 驾驭"能见度"触因

几十年来，我一直关注着世界各地的人们如何应对"能见度"触因，这让我相信，一些简单的做法可以帮助人们以一种平衡和健康的方式维护自己被关注的权利，而不是当我们处于守势时轻易陷入沾沾自喜的自我开脱处境。

如前所述，简单的"人际合气道技术"可以带来巨大的帮助。你还可以关注更多的练习：

- 宣示个人空间。

- 扩展"人际合气道"。
- 参与争论。
- 分享聚光灯。

在处理性别、种族和年龄差异时，这些因素尤其有用。在这些情况下，我们的"确认偏见"往往处于高度警惕状态。

## 宣示个人空间

通往能见度之旅的道路始于我们对"存在感"的简单断言。在任何情况下，无论我们感到多么尴尬或不受尊重，我们都要用我们的脑袋、我们的思想和我们的身体宣布：我在这里；我有权选择自己的位置和身份；我有被认可的权利。

这是能见度最基本的级别，通常也是我们启程的地方。

在29年的美国陆军军官生涯中，黛安·瑞恩（Diane Ryan）上校在经历了一系列的人事任命后，在西点军校的行为科学与领导力系工作了9年，担任过学院教授、艾森豪威尔领导者发展项目主任和系副主任。然而，尽管黛安的职业生涯一帆风顺，但在多年的服务生涯中，她一直在努力以最基本的方式刷存在感。

黛安说："在军队中，能见度问题是核心，每天都在上演。例如，人们每次见到上级都要向他们致意。然而，几乎直到我退休的那一天，男性士兵都会习惯性地避开我。因为我是一个级别比他们高的女人，他们不想承认我的地位，所以他们试图无视我的存在。"

黛安早就知道她不能让这种事发生。"向高级军官敬礼是军队中存在的惯例，可以追溯到穿着盔甲的骑士时代，所以我不能让这种礼仪消失。每当有男性士兵试着放弃敬礼时，我都强迫自己直视他，简单而坚定地说："你好！也许你没看见我？即使那家伙明显在想方设法躲着我，我也会姑且相信他说的话。我觉得没有必要去羞辱他，那只会增加失败的赌注。我会一直坚持自己的立场。"

同样，向黛安敬礼的男性士兵有时也会称呼她为"先生"，比如"你好，先生"。"言下之意是，如果我的军衔高于他们，我就必须是一个男人，因为没有女人能做到。再说一次，即使我确信这是有意为之，我也会姑且相信他们说的话，只是用清晰有力的声音纠正说：'女士。'通常，他们会找一些借口：'哦，我没看到你，我没注意。'好吧，随便了。我点头表示接受，然后继续。"

黛安在职业生涯早期受到一位高级官员的激励，他告诉她："你所遵循的标准就是你所设定的标准。"换句话说，如果你对某件事放手，或者你只是敷衍了事，你就将其视为可接受的底线。这就是不当行为和轻度冒犯根深蒂固的原因。虽然你不必为别人拒绝承认你的行为负责，但你有责任让他们承担责任。

黛安有时确实想知道，将"姑且相信"的对象扩大到那些最初有意表现出不尊重的士兵和军官，是否构成了一种令人愉悦的行为。但她坚持自己的方法，因为它非常有效。她从经验中知道触发因素会呈现爆炸式增长，并相信驱散触因通常是她的第一道最佳防线。她将力量与优雅结合在一起，这就是"姑且相信"对方说的话。恩典之所以是恩典，正是因为它不是应得的，而是白白给予的。

所以，黛安一直专注于设定标准，而不是敷衍了事。

## 扩展"人际合气道"

宣示个人空间不仅仅是女性面临的挑战。文化可以发挥很大的作用。乔汉是圣何塞一家快速发展的初创企业的首席技术官，他出生在一个重视谦逊、谦虚行为和尊重权威人士的韩国家庭。乔汉也很安静和内向，与他公司的创始人杰伊形成了鲜明对比。杰伊是一个有魅力的、超级聪明的得克萨斯人。杰伊善于推荐自己和自己的公司，他有一股天生的力量，知道如何吸引别人的注意力。

尽管性格截然不同，乔汉和杰伊还是组成了一个强大的团队，当然，与投资者会面的时候除外。杰伊需要乔汉参加这些融资会议，这样他就能回答潜在风险投资人一直抛向他的复杂技术问题。然而，尽管乔汉有着扎实的专业知识，但他还是在这些会议上感到不适。他讨厌聚光灯对准他，于是低头反抗，但他的犹豫激起了杰伊天生的急躁情绪。杰伊把问题交给乔汉，如果乔汉没有立即回应，他就会马上插话。乔汉习惯了把杰伊当成创始人，不愿与他正面交锋，于是他干脆闭嘴。

乔汉觉得唯一的解决办法就是杰伊想办法抑制自己的急躁情绪。然而，尽管乔汉一再要求，尽管他们把几次风险投资搞得一团糟，杰伊还是无法在乔汉努力发言时袖手旁观。

乔汉的教练建议他练习肢体语言，让别人感受到他的存在，以一种更自信的方式占据他的身体空间，而不是徒劳地试图跟杰伊抢说话时间。当时，乔汉正在接受背部问题的治疗，所以他的教练建议了一种非传统的战术。当乔汉和杰伊来到会议室时，乔汉会立即宣布他的脊椎按摩师告诉他开会时需要站着。所以当每个人都在自己的位置上坐下时，乔汉会保持站着，集中注意力保持良好的姿势。

这种影响是立竿见影的。

乔汉这样描述："每个人都不得不抬头看着我，不知怎么，这让局势发生了变化，好像我突然比坐下时更有权威了。我一直以为我的全部价值就是作为一个技术专家贡献我的技术和知识，但现在我看到事情并是那么简单。杰伊第一次打断我的话时，他说到一半竟然道歉了，我简直不敢相信。第二次，我听到自己说'我还没说完呢'，他马上就退缩了。开了几次会之后，杰伊有话要说的时候就会站起来。但这时的我看起来就像是动画片里的弹窗，于是他放弃了。"

乔汉站着参加融资会议，这改变了乔汉对自己和杰伊之间关系的看法。"我开始把自己想象成杰伊的课堂老师，他是一个不安分的小男孩，迷人而聪明，但最终会失去控制。也许这听起来很傻，但这对我来说是件好事，因为这意味着我把杰伊视为一个人类同胞，而不是一个不可反驳的老板。这与我的家人教我的等级观念截然不同。"

乔汉的经历告诉他，在口头上主张权力之前，先用身体的方式来维护权力的价值。正如许多研究人员发现的那样，假设一个权威的立场会向我们的大脑发出信号，告诉我们有权利保持现状。这也在向别人暗示我们值得关注。

我们表现得好像我们相信自己有权宣称自己的"能见度"，这是古老的格言"装着装着就成功了"的完美佐证。这很简单，口头上（像黛安）或身体上（像乔汉）维护这一权利，通常是有效的。

中国古代军事著作《孙子兵法》的作者孙武教导说，使用间接或重新定向的方法来解除对手的武装比直接交战更好，成本更低，最终更有效。同样，黛安·瑞恩和乔汉都证明了《孙子兵法》的力量。每个人都使用了一种"人际合气道"的变体，迫使不听话或没有耐心的同事确认他们宣示个人空间的权利。

黛安承诺会"姑且相信"对方的话，这也相当于孙武的"全攻全守"，即在保留我们自己资源的同时，让我们的对手保持一定程度的尊严，就这样征服对手。我们将在本书中探讨如何运用这一原则，因为正如孙武所教导的那样，这种约束为我们同心崛起创造了基础。

即使是那些把我们当成对手的人，也可以和我们同心崛起。

## 参与争论

当我在一大群女性面前演讲时，向我提问的人很多。但如果有男性在场，女性往往会保持沉默。在20%的男性听众中，男性通常会提出一半的问题。如果观众中有40%的男性，那么只有少数女性会参与提问。如果男性担任高级职位，情况尤其如此。

现在，我坚信，男人的话不比女人的话更迷人，因为女人经常在会议结束后拦住我提出问题或分享答案。我认为，男性愿意说出来，本质上是一种战略，他们通过参与争论来将自己定位为贡献者或参与者。这是他们获取认可和关注的机会。

在公共场合直言不讳也是吸引盟友的有效方式。例如，在我完成主题演讲后，女性和男性都会接近那些发表评论的人，通常是为了支持他们（"这是个好问题"）或展开对话（"我喜欢你提出的观点。我会给你发邮件汇报我的后续想法"）。这使任何敢于发声的人都能扩展人脉网络，进一步增强自己的能见度。

在公共论坛上发生的事情也会发生在内部会议上，包括面对面的和线上会议的情况。例如，我曾经工作过的一家全球金融服务公司发现，缺乏能见度是其女性管理者面临的主要障碍，这是那些女性难以为自己的晋升定位的关键原因。我与开发数据的人力资源主管进行了简短的交谈。"这算不上意外，"他说，"我们很难让女性在会议上发言。结果是，有才华的女性不受关注。"

当我采访公司里的女性时，有些人解释说，她们不喜欢在把所有事实都弄清楚之前发言；还有人则指出，她们"想确保其他人有机会说话"。许多人报告说，过去她们说话时没有人回应。"这种事一直在发生，"其中一位女士说，"所以我就放弃了。"

我总是听到一些不同的说法。在一些文化中，女性或其他被视为局外人的人很难畅所欲言。因为她们可能会被贴上傲慢自大或自私自利的标签。为了尽量迁就或避免被视为麻烦制造者，那些害怕被打上如此标签的人会选择保持沉默也就不足为奇了。

然而，女性和其他局外人"袖手旁观"的态度确实形成了一个标准，这可能会让其他人难以参与其中。正如某金融服务公司自信的营销总监梅莉西亚告诉我的那样："我讨厌成为唯一一个在会议上例行发言的女性。别的女性认为我很勇敢。但我总是想问，你在害怕什么？"

当然，在这种情况下挣扎的不仅仅是女性。就像我们在乔汉身上看到的那样，内向的男性或任何来自崇尚顺从或被视为非主流领导的人，都有可能这样做。然而，问题不在于谁在挣扎，而在于如何解决这个问题，尤其是在虚拟职场中，直言不讳变得更加困难，也更加重要。

下面有三个简单的做法，可以帮助那些犹豫是否参与争论的人。

### 准备

我们通常认为，那些在公共场合自信地讲话或提出清晰问题的人，具有某种天赋或与生俱来的自信。但事实是，这样做的人通常会养成充分准备的习惯。他们会提前回顾正在讨论的话题，并决定如果有机会他们想要提出的观点。他们会仔细思考如何最好地表达自己的疑问、评论或解释。

雪莉是一家全球生物技术公司运营级别最高的女性。我曾经问过她认为自己迅速晋升的主要原因是什么（我们将在第五章中听到雪莉的更多回答）。她毫不犹豫地说，她有能力在会议上或向管理团队做演示时清晰简洁地讲话。她说："这是一项宝贵的技能，但不是与生俱来的。这需要大量的准备工作。你要做笔记，练习措辞。你要提前排练你想说的话。人们认为这一切都是自发的，但事实并非如此。你必须付出一些努力，但回报可能与付出不成比例。"

大胆表达本身就是一种准备，这意味着我们越练习越娴熟。我们会发现哪些台词有效，哪些想法能引起共鸣，哪些内容能引起笑声。直言不讳还能帮助我们理清思路，这样我们下次说话时就能更好地表达意思。

任何参加过巡回售书活动的人都敢肯定这一点。

起初，尽管我们已经花了几年时间思考某个主题，但我们还是难以表达自己的观点，或者只是随口说说。但在接受了几十次采访后，我们变得胸有成竹。很快，我们就知道该说些什么，以及如何流畅简洁地表达。我们取得了快速的进步，因为我们有很多机会来完善自己的信息。

## 争取支持

那些努力发声的人也可以从提前获得的支持中受益。我们只是让一些人知道，如果时机合适，我们计划发表一些评论。我们征求他们的意见。

例如，我们可能会说："我能得到你的帮助吗？以前，第二天的会议让我很紧张，所以我基本上保持沉默。可现在，我们将要研究新的商业计划，我有一些关于改进计划的想法。我能花点时间跟你说说我的想法吗？"

或者我们可以说："我知道你下周要参加头脑风暴会议。我打算分享一些想法，这对我来说可能很难。如果你对我说的话有共鸣，你介意在会上说出来吗？我注意到我的发言经常被淹没在混乱中，所以，如果有人支持就好了。"

这个方法有几个优点：

- 这让我们在说话的过程中提前获得了一个开端，如此，我们在实际会议中发言变得更容易。
- 当我们特意告诉别人我们打算发言时，在最后一刻放弃似乎不是一个好的选择。
- 寻求支持有助于我们扩展和拓宽我们的人脉网络。

这种非正式求助的关键是将请求限制在特定的时间内和特定的会议上，而不是发出含糊的求助信号。我们提前考虑如何构思我们的请求，这是一种额外的准备形式，也是一个练习发言的机会。

## 集中注意力

当我们紧张的时候，我们倾向于说得太快，让话脱口而出。这增加了我们失去思路或忘记提出重要观点的可能性。我们的压力也会让别人很难听到我们内心的声音，因为他们能感受到我们神经紧张。

为了解决这个问题，我们最好养成说话前集中注意力的习惯。最简单的方法就是在说话之前做几次缓慢的深呼吸。深呼吸有效，因为它能清除我们的杂乱思想，排除干扰，使我们能够专注于我们想说的话和我们想听的内容。放慢呼吸也能通过向神经系统发出放松的信号来减轻压力。如果你持怀疑态度，试着在担心其他事情的时候深呼吸三次。你的深呼吸可将你的思想专注于当下。

相比之下，当我们说话的时候，如果不能全神贯注，就会削弱我们的影响力，因为其他人可以看出我们心不在焉。如果我们没有集中注意力，其他人为什么要听我们的呢？同样，如果我们持怀疑态度，请考虑几个场景：当我们分心时，婴儿能看出来。不信你试试，一边打电话一边安抚婴儿，看看小宝宝能不能安静下来。当我们分心时，狗能看出来。不信你试试，一边驯狗一边和朋友聊天，看看狗是否顺从你。当我们分心时，马儿也能看出来。不信你试试，一边骑在马背上不动，一边琢磨别人刚说过的话，看看马儿能不能顺利地带你到达目的地。

如果说，一个婴儿、一条狗或一匹马都能读懂我们的分心，那么，为什么一屋子的同事做不到呢？

## 分享聚光灯

正如创造一种能见度文化需要那些不愿意说出自己想法的人来分享一样，我们也需要那些喜欢参与其中的人将聚光灯转向其他人。如果我们给予有退缩习惯的同事或队员口头鼓励和支持，我们的团队和组织就会受益，我们也会赢得信誉、提升荣誉，甚至改变自己的职业生涯。

我在迪拜的一个行业研讨会上遇到了罗杰（Roger），当时他刚刚从一家大型电信公司的首席运营官（COO）职位上退休。一次偶然的机会，我在航空商务杂志上读到一篇关于他的文章，文中称赞他是指导女性人才的世界冠军。他曾亲自指导过三名女性，她们后来都在跨国公司担任高管职位。

午餐时，我问罗杰让他成为如此高效的女性权益倡导者的原因。令我吃惊的是，他说这个美誉是无意中得来的。

"这一切都始于我领导的一个大型有线电视推广项目，那个项目最终变成了世界级的混乱。"他说，"我召集了我的高级员工和一些技术人员开会，看看我们是否能提出解决方案。我们的想法是来一场小组头脑风暴，即蓝天会议，每个人都抛出不切实际的创新想法。"

罗杰在房间里走来走去，征求与会者的意见，但没有收到什么有价值的意见。然后他拜访了职位相对较低的卡琳。他说："我几乎不认识她，她也不怎么说话。但事实是，她在海军服役时曾在一个海底电缆特遣队工作过。对于如何改变我们的做法，她提出了一些很好的建议。"

当卡琳分享完她所知道的事情后，罗杰向房间里的其他人征求意见。"我认为大多数人会从她的话中看到价值。但是，男性与会者们要么完全无视她，要么开始列数她的建议不可能奏效的一切理由。这不是蓝天会议应该有的样子。"

经过几轮讨论后，罗杰结束了会议，他宣布除非有人能想出更好的主意，否则团队将试一试卡琳的建议。

"然后，房间里的一个家伙开始窃笑，他说：'哦，我明白了。现在的我们很讲究政治正确。'"

"我简直不敢相信。我告诉他：'哦，刚才你说出更好的主意时，我可能没听进去。你现在愿意和我们分享一下吗？'"

"那家伙看起来很尴尬，我想，管他呢，但我真的很震惊。我们本应按照'一个团队'的理念行事，但显然有一些人没有明白这一点。"

会议结束后，卡琳找到罗杰，感谢他以如此公开的方式支持她。"这是我第五次在会上发言了，"她说，"但似乎是第一次有人能听到我说话。我很感激你这样处理。"

果然，卡琳的建议是打破僵局的第一步，有线电视推广项目得以跟进，并取得了巨大成功。但这次蓝天会议的事件也产生了很大的影响。令罗杰吃惊的是，他出面干预的消息不胫而走。"在 48 小时内，我们 9 万名员工中的每一位女性似乎都知道了我是如何为卡琳说话的，"他告诉我，"一夜之间，我得到了'女性崛起的坚定支持者'的美誉。很多女员工开始申请加入我的部门，说她们想为我工作。这一切都是因为我在那次会议上站出来支持了卡琳的建议。"

事实证明，这一事件对罗杰来说是一个巨大的加分项，因为几年后，该公司努力成为女性的首选雇主。他受邀在公司首届女性领导力会议上发言，公司里一些最有才华的女员工请他出山当导师。

随着女性在公司中地位的提升，罗杰也得到了晋升。分享聚光灯给卡琳，是他职业生涯中最棒的一步。

# 第三章

## 触因 2：管理他人的看法

我们同心崛起，既不过度管理也不忽视他人对我们的看法

也许，在我的研讨会上，我从女性那里得到的最常见的问题就是下面这个问题的变体："我怎样才能展示自己的成就或成功，而不让别人觉得我是以自我为中心、咄咄逼人或雄心勃勃？"

我从没听到我周围的男性问过这个问题。

算了吧，提出这个问题的女性已经报名参加了领导力课程，因此可以推测她们有一定的抱负。她们中的大多数人可能从经验中知道，有意识地追求自己的目标（很好地表达了雄心或野心的定义）是迄今为止她们取得成就的关键。

她们害怕自己被视为雄心勃勃、咄咄逼人或以自我为中心。在某种程度上，这往往与她们实际取得的成就相矛盾。

想想这个句式："任何人都不想……"

任何人？真的吗？这可能吗？为什么"任何人"的想法如此重要？

精神病学家安娜·菲尔斯（Anna Fels）在她的里程碑式著作《女性也需要梦想：理想改变女性人生》（*Necessary Dreams*）中指出，纽约顶级律师事务所和投资银行的高级女性合伙人们（她的重要患者之一）经常在第一次拜访她时就告诉她，她们"没有雄心"。她们只是努力工作，当然也是非常幸运的。

现在，任何在这些文化中待过五分钟的人，都会意识到这是一个值得怀疑的命题。这些艰难的、以职场明星为中心的环境，既需要雄心，也应该奖励雄心。如果你没有强烈的渴望，没有巧妙的定位，没有长时间地工作，你是不会成为合伙人的。即使是被这样的公司录用，也需要有强烈的奉献精神、一定程度的进取心，以及为追求目标而做出牺牲的决心。

然而，这些非常成功的女性是如此害怕别人认为她们有雄心，以至于她们试图对自己的心理医生否认这一点！

当然，自 2004 年安娜的书出版以来，社会发生了很多变化。所以，我决定问问安娜，她的发现是否仍然成立。

幸运的是，她报告说，尽管不是所有患者，但许多患者的情况已经改变。她说："在年轻女性中，雄心勃勃不再被认为是一个有负面含义的词。"但她强调，她的直接经验主要来自总部位于纽约的高级企业的超高绩效者。"我不确定，在这个国家的其他地方，还是在世界其他地方，情况是否完全不同。"

我在这里要说的是，这方面的进展仍然不均衡。

在许多组织中，尤其是在大城市以外的组织中，以及在传统上高度重视女性谦逊的文化中，女性和其他不属于领导主流的人仍然担心，如果被视为过于自信或雄心勃勃，会让自己迅速陷入糟糕的声誉。结果是，他们花费大量精力试图管理他人对自己的看法。

那些处于主导地位的群体也可能被触发去试图控制别人的感知，只是表现方式不同，触发因素也各异，正如我们将在本章后面看到的那样。我们要了解"感知频谱"的两个极端是如何运作的，对我们以及与我们并肩作战的人产生什么后果，如此，我们就可以恰到好处地掌控"别人的看法"。

## 双重束缚

找到感知触因运作方式不同的原因并不难。因为事实是，女性很可能因为男性在主流群体中习以为常的行为而受到批评。

这种悬殊处境被称为"双重束缚的两难境地"，一个没有直观出路的陷阱，即"做了就完蛋，不做也完蛋"。

- 如果你不清楚有力地说出来，别人会认为你缺乏影响力和领导力潜能……但如果你大胆说出来，别人会认为你很专横。
- 你试图建立人际关系，增强自己的影响力，提升自己的地位，你会被判断为过于政治化……但如果你做不到这一点，你又会被认为"不是关键人物"。

- 如果你谈论自己的个人贡献，别人会认为你没有团队合作精神……但在晋升时刻，别人通常会无视你的存在，因为他们不知道你取得了什么成就。

研究证实，这种"双重束缚"无处不在。多项研究指出，自信和雄心勃勃的特质在男性身上就是潜在领导者的标签，但在女性身上往往象征着负面特征，并引发人们对女性尖锐和专横的旧刻板印象。人们通常认为，表达情感的能力是男人激情和承诺的证明，但坚定支持自己信仰或想法的女性往往给人"过于情绪化"的印象。

针对这种"双重束缚"如何在工作和生活中发挥作用的问题，与我合作的女性提供了多样的解释。

一位航空航天工程师这样说：

我在一次会议上反驳了一位同事，因为他误传了我开发的一些数据。我们的队长当场告诉我，我说错话了。后来，他继续指责我破坏了团队和谐。他甚至还拿出了那句老套的话："团队中没有小我。"我觉得这很讨厌，因为整个会议都充满了争议，还有几个人互相挑衅。在我提出反对意见之前，我们的队长似乎并不介意这种语气。我猜他连一个女人提出的基于事实的挑战都应对不了。

瑞典律师事务所的一名助理这样说：

我应邀为一名客户演示。我知道这位客户的注意力持续时间很短，所以我真的做好了简明扼要的准备。我的演示片段是那天最短的，几乎比其他部分短了将近 15 分钟。可在随后的晚宴上，我的几位男同事开始取笑我，说我一直喋喋不休。其中一人说："你听起来像我妻子，当我问'你今天过得怎么样'的时候，她会给我一串长篇大论，其实'好'就足够了。"

英国一家运输公司的公关经理（他的全家都从加勒比移民过来了）这样说：

在一次市政厅会议上，我请一位高管举个例子来阐明一个观点。事后有两个人走过来对我说："你好像很愤怒。"我经常听到"愤怒的黑人女性"故事。如果我挑战了任何人，他们会想当然认为我心怀不满，还往往把这归咎于种族问题。大多数同事都试图掩饰这一点，但有时事实就是如此。

## 我们可控的东西

我曾有机会与西蒙娜一起工作，她是一位试图与"愤怒的黑人女性"标签做斗争的管理者。在她描述了一些遭遇后，我问她是如何应对的。

她说："基本上，我付出了很多努力，试图证明我不是一个易怒的人。这意味着，有时即使我知道我应该说出来，我也不会大声反抗。当我坚持自己发声的时候，事情就变得复杂了，所以我倾向于避免这样做。我可能太容易让步了。有时，我听到我在为自己没说过的话道歉！"

这种方法对她有帮助吗？

"好的一面是，我现在不像以前那样常听到有关愤怒的指责了。所以从这个角度来说，我想这是有帮助的。另一方面，我努力不去说任何可能让同事或客户觉得我效率不高的话。所以，我有点儿沉浸在自己的工作中，而不是真正让自己在职场立足。"

我提示西蒙娜考虑一下，她是否把自己无法控制的事情（别人的看法）置于自己能够控制的事情之上，而她能控制的事情就是全身心投入工作。当然，她的一些同事麻木不仁，卡在了过时的思维模式中不能自拔。也许他们没有与来自不同文化背景的人打交道的经验；或者，他们在偏见被视为理所当然的环境中长大。

她能采取什么行动来改变这种状况吗？

"我考虑过了，"她说，"我不会因为有人说'你好像很愤怒'就生气和抱怨。我也考虑过在社交媒体上发帖子，但我的一个朋友这么做了，结果招来了灾难。当然，我可以和人力资源部讨论一下关于刻板印象的研讨会，这可能会有所帮助。也许在场的某些人甚至不知道'愤怒的黑人女性'是一种刻板印象！"

西蒙娜在探讨了对抗的利弊之后，决定调查一下可以推荐给公司的研讨会。但她最重要的收获是决定少花精力关注别人的想法。她说："这常常出于无知。我想，事实是，虽然我可以在改变文化方面发挥作用，但我自己无法改变文化。所以，为了证明我不是愤怒的女人而隐瞒我要做出的贡献，这真的不是明智之举。"

如果西蒙娜能从"被愤怒"的恐惧中解脱出来，她该如何引导这股能量呢？

"专心做好工作，不要做事后诸葛亮。不要让愚蠢的评论干扰自己。建立人际关系，让别人有机会看到真实的我。定位自己，让世人更加了解我所能提供的一切。培养自己的技能。当自己有重要的事情要表达时，请大声说出来。"

当然，西蒙娜要面对这种逆向的态度，这是不公平的，我们将在第六章更详细地探讨这个话题。但这就是她现在的处境。为了解决这家拥有150年历史的英国运输公司的文化问题，她可能需要努力得到一个比目前更有权力的职位。她要在工作中更有力地展现自己，不要为了避免刻板的误解而隐藏自己的锋芒，这样，她才更有可能获得权势，并摆脱"双重束缚"的两难境地。

正如一位名人在面对"愤怒的黑人女性"这一老生常谈的指责时所说的那样："当别人往道德的低处走时，我要继续向高处前行。"而"向高处前行"的一部分就是把注意力集中在我们能控制的事情上。北卡罗来纳州的领导力教练特里·杰克逊（Terry Jackson）报告说，当下也经常会出现"愤怒的黑人男性"的说法。他说："我在客户身上看到过，我自己在工作中也经历过。在某公司，我有一位非裔美国男性老板，他认为我充满热情和激情。但后来，他晋升了，另一位男性接替了他的职位。这个家伙在一次会议后对我说的第一句话就是'你好像很愤怒'。我的结论是，这是他的问题，不是我的问题，但我没有浪费时间试图证明他错了。"

## 怎样才能改变别人的想法

试图管理他人对我们的看法之所以成为一个问题，是因为这样做剥夺了别人改变他们对我们的看法的机会。我们急于确保别人不要认为我们太咄咄逼人、太雄心勃勃、太愤怒或者太……（此处省略两千字）的时候，却忘记了如果我们给他们时间，那些无心炮制负面评价的人可能会改变他们的观点。

我在职业生涯早期就明白了这点。当时我在企业传播部门工作。有一天，在一次会议上，我是在场唯一的女性，而且是会议室里资历最浅的人，所以我感到有点儿力不从心。然而，由于讨论的话题在我的专业领域内，我鼓起勇气举起了手，说出了一个我一直在琢磨的想法。

当时没人回应，就好像我什么都没说过。房间里充满了尴尬的气氛。只有当团队中的一个高层提出了一个与我的提议毫无关系的建议时，这个僵局才被打破。我感到很沮丧，但并不特别惊讶。

散会时，我的老板弗雷德（Fred）悄悄走到我身后，用一种讽刺的语气低声说："哦！你绝对不怕分享你的意见。"

我很惊讶。弗雷德从没和我说过话。现在我成功地惹恼了他。我简直没有比这更崩溃的感觉了。但出于某种原因，我没有像往常一样做出回应。

我没有道歉或卑躬屈膝地说："哦，我很抱歉，也许我不应该说……"

我也没有辩解："我完全有权说出我的想法！"

相反，我只听到自己说了句："是，我敢。"

弗雷德嘟囔着离开了。我当时感觉不妙。我想，我最好开始找另一份工作，因为我在这家公司显然没有前途。

但什么都没发生。时光飞逝。我又参加了一些弗雷德也在场的会议，当我有话要说的时候，我也发表了一些意见。毕竟，我没什么可失去的。既然我都决定要走了，为什么还要强忍着闭嘴呢？

一两个月后的一天，我在走廊上无意中听到弗雷德在房间和一位同事说话。

"你知道我喜欢萨莉什么吗？"他说，"她敢于说出自己的想法。"

我简直不敢相信自己的耳朵。他似乎对我的这个品质很满意，而这是他曾经如此严厉批评我的切入点。

我花了一段时间才明白发生了什么事。因为我以一种中立的方式回应了他的贬低，并且坚持不懈，而不是试图插手控制他的想法，所以，我给了他时间和空间来适应我并调整他的想法。

结果，我以我的方式赢得他的正面看法。我只花了一点时间。而且要足够克制，不去试图管理弗雷德的看法。


## 有人想做"仗义男"

一般来说，处于主导地位的男性不需要在这种"双重束缚"的两难境地中纠结。他们很少因为雄心勃勃或吹嘘自己的成就而受到批评，所以，无须考虑"做了就完蛋，不做也完蛋"的复杂局面。当然，有些男性会严格避免任何自我推销的事情。但这通常是因为他们内向，或者在毕恭毕敬的文化中长大。即使在女性主导或领导的组织中，男性的野心和魄力也往往会被大众接受，并且被视为自信的证明。

但这并不意味着男性不会拼命去"管理他人的看法"。随着组织越来越全球化，员工越来越多元化，参与规则也在不断变化。因此，男性竭尽全力想被视为"仗义男"的努力可能会惨遭失败，这恰恰造成了他们希望避免的那种强烈反作用。

最近，我听了一位医疗保健行政总裁的演讲。他叫亚瑟，是大家公认的具有包容性和鼓舞人心的领导者之一。众所周知，亚瑟提拔了许多女性员工担任高级职位，并积极支持公司的多元化倡议。他在自己所在的部门和商业媒体中被视为"仗义男"。

亚瑟的演讲被誉为领导力主题演讲，作为一场大型医疗保健会议的一部分，旨在专注于他自己的成功实践。当他到达会场时，他感到像往常一样轻松自在，但他惊讶地发现大部分听众都是女性。因为他的演讲是针对会议中最资深的人，所以，他以为自己的演讲对象主要是男性。

轮到他上台时，他开始质疑他准备好的讲话内容。如果那些女人不能理解他的故事怎么办？或者，如果她们把领导力视为一个大男子主义话题怎么办？他记得曾经读过这方面的东西。在最后一刻，他决定改变演讲的重点。亚瑟心里并没有什么特别的想法，只是花了很多时间在台上谈论自己的妻子。

他说她有多聪明。他称赞她的洞察力和良好的判断力。他指出，每当他必须做出重要决定时，他都会征求她的意见，并承认，她实际上是比他更好的领导者，也许站在这里的应该是她而不是他。他说，她没有进入职场的唯一原因是，她"选择留在家里带孩子"。

很明显，亚瑟已经决定，与现场这么多女性听众建立联系的最佳方式就是大肆赞扬他最了解的女人。这当然引发了几个问题。为什么在历史的这个节点上（那是 2020 年初），他没有意识到医疗保健部门的领导会议可能会吸引很多（或众多）女性？为什么他认为有女性听众就需要他调整自己的言论呢？

我不知道来听他演讲的女性是否和我一样感到惊讶。所以，在接下来的午餐时间里，我尽可能多地对她们进行非正式民意调查。

她们对他的印象是尖锐刻薄的。

"我猜他很少和女人说话，所以不知道该说什么。"

"听起来好像他妻子是他唯一认识的女人，真遗憾，因为他声誉卓著。"

"我觉得他很有优越感。说他妻子有多聪明。他觉得女人有这种特质很了不起吗？"

"关于他妻子'选择'留在家里带孩子的那句话，他是在用这种方式告诉我们，我们不是好妈妈吗？不管他的意图是什么，他都清楚地表明了自己对积极追求事业的女性的看法。当然也包括他的听众中的大多数女性！"

出于平衡，我询问了一位男同事的看法。"嗯，"他说，"我以为亚瑟在调整他的演讲内容，因为听众中有这么多女性。但我敢打赌，女人们喜欢听他谈论他的妻子。"

并不是这样。

事实上，由于有这么多女性出席，亚瑟不愿意讨论领导力问题，结果疏远了很大一部分听众。尽管他的出发点是好的，但他明显的惊讶神态让他看起来自以为是，又不了解台下的听众是谁。

这也让他看起来很过时，尤其对于现场千禧一代的男男女女来说。他所描述的 20 世纪 50 年代情景喜剧的生活方式——聪明的妻子待在家里，笨手笨脚的丈夫挣钱养家——毫不奇怪地让她们觉得已经过时了。

值得赞扬的是，亚瑟意识到事情并不顺利，并向一位女教练寻求帮助。她表明，从今以后，他要假设任何会议（尤其是他发言的会议），都会有相当多的女性参加。她们也会像男性一样对同样的见解感兴趣。

这位教练还建议亚瑟在发表重要演讲之前，先让几位女士听听他的演讲。她指出，如果他对着一个女同事预演了他最终要讲的内容，这位女同事很可能会说："不要谈论你妻子有多棒。男人总是这样。对大多数女性来说，这就像是在迎合别人。还有，你这样做是在侮辱人。你显然有一个内建的家庭支持系统，让你不用担心家里发生的任何事情。而你的听众中的大多数女性则没有。因此，你基本上是在批评她们为家庭提供了重要支持，同时让她们感受到她们的家庭享有的特权不如你的家庭。"

## 不那么仗义的男人行为

亚瑟之所以能够改变自己的演讲内容，是因为他认为，善于与女性听众打交道，对他的领袖声誉至关重要。但并非所有身居高位的男性都愿意适应这种改变。他们可能并不喜欢去管理他人的看法，认为这超出了他们的职责范围；或者，他们可能认为，拒绝调整自己是他们正直和强硬的证明。

阿姆斯特丹的领导力教练兼作家杰弗里·赫尔（Jeffrey Hull）说过，当他建议男性客户更加注意自己给别人留下的印象时，他们就会感到沮丧。他说："有些人习惯了不关心别人的想法。他们已经非常成功，不认为他们应该花时间或精力来适应不断变化的环境。他们告诉我：'我知道我应该很感性，培养这些软技能去应对当今职场中各色的人。但基本上，我认为这是一种苛求。这就是个人主义。我不会买账的。'"

杰弗里注意到，持这种态度的男性通常认为，更加灵活就是让别人（女性或少数族裔）来规定他们参与的条件。"这些家伙往往很好胜，这意味着他们试图在每一次交锋中获胜。如果他们没有取得成功，那就会感觉是一种损失。此外，他们知道，女性往往擅长他们所缺乏的那种软技能。他们不想承认这些技能是有价值的，因为他们担心这会给女性带来优越感。"

杰弗里还指出，要想做到更加灵活，就需要这些男性尝试一些他们很少练习且不太擅长的行为。"谦逊不是他们的工具，所以，做一些不同的事情会让他们不舒服。当我们尝试新事物时，我们都会感到不舒服，这是自然的现象。没有人喜欢这样做，但这是我们成长和发展的方式。陷入顽固思维模式的男性需要认识到，拒绝成长将会对职业生涯造成越来越大的负面影响。"

## 关注圈，影响圈

我已经多次强调了区分与我们有关的事物和我们可控的事物的重要性。这个概念来自史蒂芬·柯维（Stephen Covey）的畅销书《高效能人士的七个习惯》（*The Seven Habits of Highly Effective People*）。这部具有里程碑意义的佳作借鉴了自助文学中两个不同的主题：20世纪早期对塑造性格的关注，以及最近对在工作和社区中取得成功的关注。

柯维向读者介绍了许多有用的方法，其中一个例子就是两个简单的圆圈，他称之为"关注圈"和"影响圈"。在我们的关注圈里，有我们关心的一切事情：我们的家人、我们的同事和朋友、我们的工作场所和更广阔的世界。在我们的影响圈内，有一些事情是我们可以控制的：我们采取的行动、我们说的话、我们应对机遇和挫折的方式。

柯维指出，当这两个圈子不一致时——当我们过于关注我们无法控制的东西，而对我们能控制的东西关注不足时——我们最终只会原地打转、浪费精神和情感的能量。相比之下，我们的关注圈和影响圈重叠得越多，我们就越"高效"，也就越快乐。

当涉及控制别人的看法时，我们很有必要区分一下我们的圈子在哪里重叠、在哪里不重叠，原因很简单，我们无法最终控制别人的想法。英国运输公司的西蒙娜可以把自己束缚得很紧，试图永远不挑战任何一个同事，但她无法控制那些将黑人女性的自信与愤怒等同起来的人。因此，她最好关注那些她能控制的事情：

- 尽她最大的努力。
- 尽她所能确保她的贡献被人关注。
- 以有益的方式提供诚实的反馈，即使该方式可能并不讨喜。
- 保持热情而接地气的态度，帮助她度过困难时期。

亚瑟也可受益于他的关注圈和影响圈之间的美好结合。听众中女性的数量让他大吃一惊，他本可以当场决定专注于他能控制的事情：带着谦逊和幽默，流畅而有力地发表自己准备好的演讲。但事实相反，他把精力集中于设法让女性听众认为他是一个"仗义男"。

事实上，别人怎么看我们通常不关我们的事。如果一个同事选择怨恨我们，那就怨恨去吧。随着时间的推移，他（或她）可能会重新考虑自己的评估，就像我的前老板弗雷德所做的那样。但就目前而言，我们无法控制别人的看法，所以我们需要放手。这样做需要自律和超然。诚然，这是一个艰难的使命。但它为我们提供了最有效的途径，让我们摆脱"双重束缚"。

# 第四章

## 触因 3：信心与能力

我们同心崛起，因为我们会区分过度自信和实际能力

 

    我所知道的关于信心最好的故事是福特汽车公司前首席执行官艾伦·穆拉利（Alan Mulally）与公司高管团队的第一次会面。在波音的长期职业生涯中，艾伦擅长让人们协同工作，是一位强有力的领导者，基于这一点，比尔·福特（Bill Ford）于 2006 年聘请他去领导福特公司。这在当时的文化中是前所未有的，因为就传统而言，在福特公司任职一辈子才是最高荣誉和可信的重要明证。福特公司历史上的每一位首席执行官都是公司的终身职员。

    相比之下，穆拉利习惯在飞机上用自己手写的中国象形文字签上自己的名字。他最初拒绝接受这样一个根据汽车知识和经验评估人才而闻名的组织的最高职位。但比尔·福特努力说服穆拉利，因为他认识到公司的专业知识深度不足以阻止其不断丧失市场份额，并陷入 180 亿美元的债务。

    艾伦与福特公司的领导班子的首次会面场景可能会令人

担忧。果不其然，艾伦在介绍完自己并分享了他的象形文字后不久，就被问到了一个高度技术性的问题，这个问题是为了测试他对汽车知识的掌握程度而设计的。

这个领导班子集体等待艾伦的回答。

艾伦感谢了提问者。然后，他只是简单地指出，他来自汽车行业之外，不具备回答这个问题的专业知识，并重申他的职业生涯是在航空航天领域度过的。

人们可以想象这种冲击。改变世界的福特公司的新任首席执行官公开承认，他无法回答一个直截了当的问题，因为他的专业背景没有让他做好回答这个问题的准备。

艾伦接着指出，虽然他不能回答这个问题，但福特公司充满了才华横溢、经验丰富的汽车专家。他的工作不是提供答案，而是创造一种环境，使福特团队能够确定并实施解决方案，从而使公司恢复盈利和荣耀。

有多少首席执行官会在与新公司领导团队的第一次会议上承认他们不知道一个重要问题的答案，因为他们的经验不足，无法给出答案？又有多少人会直言不讳地说出这一点而不恼羞成怒，发出恫吓或防御性反击？

但艾伦做到了，因为他有足够的信心，也有自知之明，不会一时冲动去拼命展示自己不具备的能力。此外：

- 他明白，试图凭借自己没有的资历赢得尊重是一场必输的博弈。
- 他并不担心表现出谦逊会让自己显得软弱。

- 他知道自己无法控制别人的想法（他的影响圈和关注圈是一致的）。
- 他相信，他所拥有的经验会助他日后取得成果。

## 适当谦逊点儿

随着我们进入更高层级或更显眼的职位，通过坦率地承认我们的局限性并展示适度的自我认知，来表现出谦卑，会越来越难。鉴于我们的全球商业文化往往期望领导者成为无所不知的英雄或救世主，我们得到的信息是，如果我们让自己的盔甲露出任何破绽，别人就可能会认为我们不配拥有我们被赋予的权力。因此，我们可能会越来越害怕自己显得脆弱或不够资格，最终会歪曲自己的形象。

这不仅仅在领导层是如此。我们许多人把谦逊等同于接受羞辱，所以我们很容易不懂装懂，假装拥有自己欠缺的专业知识。这样的反应对我们没有好处，也不太可能产生积极的结果，部分原因是，不懂装懂会削弱我们接纳自己的能力。相比之下，艾伦自信地认为，他有能力创造一种文化，让有才华的人创造性地协作，这将使他在福特的最高职位上取得成功。

艾伦也避免了陷入常见的错觉，即因为他在一个领域有专长，所以他在其他领域也是专家。

杰弗里·赫尔教练称之为"全能悖论"，并将其描述为巨大成功里最常见的危险。赫尔说："人们倾向于轻信预测。他们认为'我是一个伟大的急诊室医生，所以我当然可以经营这家医院。像我这样的技术人才，这是轻而易举的事'。他们忘记了，他们的技能虽然相当高，但与他们渴望从事的工作几乎毫无关系。为什么？因为他们几乎没有意识到自己的局限性。"

赫尔补充说，这种"我拥有一切技能"的心态显示了自我意识的失败。他指出，作为一名教练，他的工作是帮助客户更现实地看待自己。"他们需要坦然地让别人看到自己的真实面目——技能、缺点、缺陷、优势等一切。要做到这一点，他们需要接受这样一个事实：在一件事上表现出色，并不意味着在另一件事上也会表现出色。"

赫尔总结道："谦逊地接受这一点，会让你更加人性化，因为你表现出了脆弱性。你放下了试图证明你没有某些能力的负担。人们会避免暴露脆弱的一面。但是，对他们自己和周围的人来说，放下这个负担往往是一种巨大的解脱。因为那些缺乏谦逊品质的人无法激发信任。"

## 胜任职位和承认短板

当我向一群女性讲述福特公司的故事时，总会有人反对。"好吧，这对艾伦·穆拉利来说太棒了。但他是美国男性工程师。当他不知道答案的时候他可以承认，说自己是汽车制造公司的'飞机男'。我倒想看看，如果一个女人刚被聘为领导，却承认自己不知道人们希望她知道的问题的答案，她会不会被嘲笑且丢掉工作？"

毫无疑问，对于那些处于主导地位的人来说，表现出艾伦那样的自信更容易——尽管这种情况也很罕见，这就是福特公司的故事如此突出的原因。那些看起来像以前的领导者的人往往会从同事和客户那里得到好处。但他们往往会失去信任。

相比之下，如果我们是主导人群以外的人，我们通常不得不在绩效评估、评估会议和非正式谈话中纠结于人们对我们是否"具备胜任这份工作的能力"的看法。

例如：

- "我不相信她具备领袖气质。"
- "你确定他不是通过多元化配额进来的吗？"
- "我猜她的任职资格可能比其他候选人要低。"
- "我知道他有博士学位，但我想看看他的平均成绩是多少。"

鉴于这种居高临下的怀疑在盛行，女性或主流群体之外的人可能会对在高风险甚至低风险的情况下表现出缺乏专业知识感到不适，这并不奇怪。长期以来，我们不得不面对消极的看法，这使我们很难像艾伦·穆拉利那样表现出轻松和笃定的样子。

此外，那些来自主流群体之外的人经常担心，他们自己的失误可能会使同伴们更难崛起。因此，如果不能找到所有问题的答案，不仅会让他们自己感到危险，也会让后来者感到危险。

这是一种很重的负担。

## 破冰船的教训

主导人群以外的人有方法可以优雅地主张权威，而不必假装自己无所不知。例如，桑迪·施托兹（Sandy Stosz）从美国海岸警卫队（USCG）退休时，是一位三星级海军上将，也是历史上第一位领导重点军事学院的女性。

桑迪于 1982 年毕业于美国海岸警卫队学院，后来她担任该院院长，当时美国整个警卫队中女性仅占 2%。鉴于这些数字，以及 USCG 引以为豪的男性主导的历史和文化，美国军事事业中的一些高级领导人相信并宣称军舰不是女人待的地方，这也并不奇怪。

然而，桑迪积极地寻求航海任务，并连续担任破冰船上的少尉职位，被派到南极洲和北极。破冰船是一种重型切割器，可以在巨大的极地冰层上开辟通道，让支持科学和国家安全任务的补给舰一路前行。

桑迪是这次长达数月的航行中的第一位，也是仅有的两位女性之一，她必须提高自己的技能、为自己设定高绩效目标、成为一名靠谱的团队成员，她还要在任何情况下都保持职业风范，从而证明自己称职。正如她所说，她认识到"对抗偏见的最好方法是通过绩效和专业形象来展示能力"。

她的第一个指挥任务是在密歇根州苏圣玛丽港的卡特迈湾号破冰船上，负责为往来于经常结冰的五大湖及其周围河流的大型商船疏通航道。当时，美国还没有女性在五大湖地区指挥过海岸警卫队的军舰，而且她船上的船员都是男性。在接受这项任务之前不久，桑迪曾担任美国交通部长的助手。

当她得知自己将参加舰艇移交仪式并接受指挥权的时候，她激动不已。

考虑到负责 USCG 的华盛顿内阁成员在场，她认为海岸警卫队高层会渴望参加仪式，但事实证明，情况恰恰相反。她的新上司在她上班的第一天就告诉她，她"不过是部长的宠儿"，而不是一个经验丰富、多次执行极地航行任务的破冰老手。但她实际上就是这样的行家。而她的上司接着警告她，他会每天对她进行测试以确保她能胜任工作，他显然怀疑她担任此职的妥当性，并急于证明他的怀疑。

男上司持续不断的恐吓造成了船上的动荡气氛，桑迪认为，这种混乱的起因是，尽管她经常被上司点名批评，但船员们还是目睹了她正确行事的魄力。因此，尽管受到了抨击，桑迪依然在指挥期间信心大增。发生这种情况有三个原因：

第一，她有大量的机会来测试她在以前的任务中努力培养的能力。她不仅要管理破冰船，还要执行海岸警卫队的执法和救援任务，这些任务在动荡气氛下需要精确的技能。

第二，她努力与船上任何可能支持她作为领导者的人建立联系。她在卡特迈湾号的军士长那里得到了特别的支持。军士长是船上的高级士兵之一，他在众船员面前为她说话。当她的上司对她骚扰过度的时候，他甚至替她反击，这让他自己的职业生涯处于危险之中。

第三，作为领导者，桑迪能够找到自己独特的声音，因为她一直愿意提问，尽管有人告诉她这样做只会凸显她作为女性的紧张不安和指挥能力不足。

例如，她事先被警告过，在五大湖上工作经验丰富的商船船长永远不会相信由女人领导的破冰船队。因此，上任不久，她就联系了一家大型航运公司，要求安排她参观他们的一艘矿砂船。她会见了船长，就她认为最重要的问题向他提问。鉴于她的船只有140英尺（1英尺 = 0.3米）长，而他的船有1000英尺长，提前知道什么可以对她最有帮助，并为他清出一条航道呢？

船长表示惊讶。他告诉她，他在该地区领航的几十年里，从来没有人向他咨询过什么可能对他有帮助。相反，海岸警卫队的指挥官总是简单地告知他们打算做什么，然后让他做出调整。

接着，他拿出了详细的海洋地图，邀请桑迪和他一起仔细研究。他指出了他下次航行中必须经过的最危险的通道，并提出了一些可以让他的船更直接、更安全地通过厚冰的捷径。他向她展示了他花了数年时间才辨认出来的、暗藏危险的海底构造图。

桑迪认为，她在那艘矿砂船上接受的耐心而详细的指导，使她能够在面对广泛质疑和几乎没有支持的情况下，有效地指挥卡特迈湾号航行。这次会面也有助于她塑造领导风格，并在她非凡的职业生涯中发挥作用。

她说："在之前的任务中，我因为不具备一种英雄式的领导风范而受到批评。你懂的，发号施令，只说不问。'我是老板，所以不许顶嘴'的做派。我还被告知，作为女性，如果我不愿意一直表现出强硬的态度，我就永远不会在这份工作中赢得尊重。但我看到的是，提出问题并不意味着软弱，而是表明愿意学习。这也证明了你有信心去倾听。此外，这是我所知道的建立人际关系的最佳方式，可以增强你作为领导者的应对能力，并通过这种方式建立必要的信任。"

## 自信的陷阱

值得注意的是，艾伦·穆拉利和桑迪·施托兹的自信都深深植根于他们的能力，即他们在多年的工作中获得、培养、展示和磨炼的技能。这一点很重要。

近几十年来，自信几乎被视为一种与生俱来的品质，一种与实际成就无关的坚定自信。比如，父母大喊"干得好"。孩子每迈出一步，他们都相信呐喊助威可以增强孩子的信心。那些不考虑学生成绩或贡献而给每个学生都颁发奖项的学校，也是出于同样的动机。

人们似乎认为，仅仅是积极的强化和赞扬就能让人变得自信，但这是一种误解。真正的自信总是根植于我们对自己才能的认识，以及我们的能力和学习意愿。不以实际能力为基础的自信，有可能使我们陷入两个极端之一：要么妄想自己很伟大，要么害怕自己的"冒名顶替综合征"被揭露。

自2014年凯蒂·肯（Katty Kay）和克莱尔·施普曼（Claire Shipman）出版了颇具影响力的《信心密码》（The Confidence Code）以来，自信一直被视为男性和女性成功的关键差异。凯蒂和克莱尔的基本观点是：男性的自信是他们取得成功的关键原因，而女性的自信心缺失则阻碍了她们的成功。尽管这本书在展示如何培养自信方面具有很强的指导意义，但对她们基本观点的简化又强化了这样一种观点，即自信本身为占主导地位的群体提供了优势。其结果是，自信越来越被视为一种魔法公式，使那些拥有自信的人能够毫无困扰地度过一生。

因此，许多女性开始将自信更多地视为一种资产（而非实际能力），对取得成功更为重要。然而，由于仅仅植根于自我信念的自信并没有实际基础，那些寻求获得自信的人经常被敦促练习积极的自我肯定来提高自尊。

我在世界各地的女性会议和社交活动的培训课程中都遇

到过这种情况。这些会议似乎借鉴了艾尔·弗兰肯（Al Franken）在《周六夜现场》（*Saturday Night Live*）中的不朽角色斯图尔特·斯莫利（Stuart Smalley）的风格。散发着不安全感的斯图尔特，在每次遭受羞辱后都会满怀希望地盯着镜子，重复那句不朽的台词："我够好了，我够聪明了，天啊，大家都这么喜欢我。"当弗兰肯扮演的角色认真地敦促那些显然无须激发自信的来宾练习自我肯定的时候，这种台词尤其令人发笑。最经典的案例还有正处于篮球生涯巅峰期的迈克尔·乔丹。

这些片段在 YouTube 上仍然引发了大笑时刻。然而，培训师仍然会敦促女性和领导者主导人群以外的人用肯定的话来鼓励自己——"我在参加这次会议时完全自信""我在任何情况下都相信自己"，或者以"你行，女孩"等肤浅的形式互相鼓励。这一切都是以弥合与主导群体之间所谓的"信心差距"的名义进行的。

这种方法的问题不仅在于它可能肤浅和有损尊严。它也歪曲了自信被培养的过程。真正深刻和坚实的自信总是源自日常纪律和坚持不懈培养出来的可证明的技能，以及我们利用这些来之不易的技能所能取得的成就。

这就是为什么像迈克尔·乔丹这样的人试图通过自我肯定来增强自信的想法如此荒谬。这并不是因为他自信满怀让人感觉很怪异（尽管确实如此），而是因为他在数万小时的练习和比赛中积累起来的世界级能力为他的自信奠定了坚实的基础。

## 过度自信的危险

正如商业学者托马斯·查莫罗 – 普雷穆奇（Tomas Chamorro-Premuzic）在其广泛应用的比较研究法中所证明的那样，从统计数据来看，能力比信心或自信更能与工作表现保持一致，也更能预测工作业绩。然而，信心的价值一直被高估。相比之下，能力（通常被诠释为"纯粹的能力"）经常被低估或被忽视。

这在领导层尤其如此。

多项研究表明，能力实际上是决定领导者成功的主要因素。然而，企业在寻找领导者时，往往会优先考虑自信满怀的人。正如杰弗里·赫尔教练所观察到的那样："公司在寻找喜欢自诩为最佳人选的那个'他'时，存在着巨大的盲点。我说'他'，是因为持这种观点的人几乎都是男人。"

查莫罗 – 普雷穆奇根据广泛的数据，指出了他认为造成这一盲点的主要原因：那些负责招聘领导的人始终无法认识到男性表现出的过度自信。

他指出，那些对自己的伟大表现出坚定信念的人，往往被猎头公司、董事会和执行委员会视为精明能干、干劲十足——简而言之，就是领袖风范。其结果是，有魅力的男性得到的晋升远远超出了他们的能力水平，并占据了他们无法胜任的高级职位。

男性过度自信的代价可能是巨大的：看看雷曼兄弟（Lehman Brothers）和印度萨蒂扬计算机公司（Satyam Computers）近年来的表现吧。通用汽车公司（GM）花了几十年的时间提拔男性高管，让他们在盈利能力不断下降的情况下，对自己的战略才华踌躇满志。最后，董事会却任命玛丽·巴拉（Mary Barra）为首席执行官。巴拉为了支付大学学费，18岁时就开始在通用汽车装配线上工作了。"她不是通用汽车需要的强大领袖！""有能力但很无聊！"这是对她任命的抨击。而实际上，她的能力成功地让公司稳固下来。

巴拉的例子并不令人惊讶，因为查莫罗－普雷穆奇的研究表明，女性的自信几乎总与她们的能力水平一致（或低于能力水平），而在高级职位的男性则不一定如此。美国硅谷血检公司的串谋诈骗投资者伊丽莎白·霍姆斯（Elizabeth Holmes）是一个例外。造成这种差异的原因并不是男性整体上比女性自信得多，而是过度自信的男性数量要多得多。过度自信和由此产生的自信往往有助于男性追求高层职位。尽管过度自信的男性在男性人口中所占的比例相对较小，但在那些他们可能会造成最大伤害的职位上，他们的比例往往过高。

如果不能发现那些对自己的能力过度乐观且指望不劳而获的人，惩罚的不仅是女性和其他少数群体，还有很多非常有能力的男性。因此，查莫罗－普雷穆奇建议男性和女性合作，大声警告过度自信的代价，敦促组织在考虑高层职位候选人时更加重视能力，这样才符合他们的利益。

## 继任者的故事

我在接受一家墨尔本运输公司的咨询任务时，看到了一个实践案例。艾哈迈德是一名顶级企业律师，在监督该公司的收购方面有着出色的记录，他被派往新加坡去监督海事法律团队。这个安排是为了让艾哈迈德在晋升为首席执行官之前获得该领域的经验。他似乎拥有得体的形象：他才华横溢，是一个有说服力的演说家，拥有强大的人脉，对自己的领导能力充满信心。

艾哈迈德已经习惯了公司里的人对他言听计从，但新加坡的团队对他的声誉和才华并不买账。问题是艾哈迈德对海事法几乎一无所知，海事法是法律实践中一个复杂而神秘的分支，但艾哈迈德和管理团队都相信他能很快跟上节奏。新加坡的团队成员表示愿意帮忙解决一些细节问题，但艾哈迈德向他们保证，他可以吸收他所需要的信息，而不会陷入混乱。他说："我来这里是为了确定战略方向，与企业保持联系，让事情步入正轨，并让我们声名鹊起。我的团队可以处理任何技术问题。"

不幸的是，制定战略方向需要了解技术细节，而艾哈迈德对此一无所知。结果，他很快就陷入了信息不足导致的决策麻烦，只好让他的团队来收拾烂摊子。

当该管理团队与一家位于马耳他的托运人签订合同时，情况就到了紧要关头，该合同使该公司承担了它通常能够避免的负债。艾哈迈德一直在努力推动这笔交易，他把问题归咎于他的几个队员。他们很生气，但什么也没说。

但在第二份合同引发了法律纠纷后，墨尔本的公司领导团队决定派遣一名监察专员前往新加坡以查明曾经称职的海事部门陷入困境的原因。司法特派员梅兰妮与艾哈迈德及他团队的五名高级成员进行了一对一交谈，并做出了保密承诺。

特蕾西是一名经验丰富的海事法律师，她曾应邀与梅兰妮面谈。"我在亚洲文化中长大，你最好不质疑或批评你的老板。挑剔老板的行为被认为是不尊重的、极其不忠诚的。而且我知道，艾哈迈德在墨尔本总部人脉很广。我们团队中没有人可以这样，所以，诚实地面对所发生的事情似乎也不是明智之举。可如今的士气如此低落，我觉得，为了大家着想，我必须说点什么。所以，我告诉梅兰妮，艾哈迈德对自己的才华太自信了，他不愿意了解我们的实际业务，在我看来，这导致了代价高昂的错误，并给我们带来了不好的声誉。"

梅兰妮从其他团队成员那里听到了类似的担忧，于是她把面议结果带回了墨尔本。管理团队随后决定将艾哈迈德调回总部。他没有被降职，但他不再是首席执行官的候选人了。考虑到海事法律团队所经历的动荡，墨尔本的高级领导层决定，在得到新加坡团队的进一步指示之前，不任命艾哈迈德的继任者。因此，他们派梅兰妮回去寻求一些关于团队认为能够帮助他们取得成功的领导者类型的建议。特蕾西说："当总部派梅兰妮来征求我们的意见时，我感觉这真是太棒了。人力资源部门一直在谈论授权给团队，但这是我们第一次看到这种理论付诸实践。总部邀请我们在这个过程中提供帮助，让我们有信心真正说出自己的想法。我们都认为，为艾哈迈德工作的 18 个月让我们学到了很多东西。很明显，我们需要一个真正懂得倾听的领导者。问题不在于艾哈迈德不懂海事法，而是他不愿意学习。他对自己的才华如此自信，以至于他并不看重细节。但在海事合同中，细节很重要，所以他的态度导致了真正的错误。此外，他对团队所做的工作没有理解或欣赏，所以他不断地批评我们的表现。这削弱了每个人的士气。"

墨尔本总部听取了管理团队的建议，决定任命拉姆为新加坡团队的负责人。拉姆是一名公司财务律师，职位没有艾哈迈德高，也没有他那么引人注目，但他因其合作方式、他在团队中培养的高昂士气以及他对学习的渴望而受到尊敬。该公司的首席信息官评论道："我们在总部就这个决定遭受了反对意见。拉姆是个安静的人，所以有些人认为他不是'当领导的料'。他们的意思似乎是，他并没有表现出伟大的领袖风格，而艾哈迈德显然具备领袖气派。但这件事告诉我们，愿意在工作中学习比令人难忘的风范或毋庸置疑的自信重要得多。"

## 学习能力

请注意，艾哈迈德最初被派往新加坡，是因为他对自己的能力有绝对的信心使董事会忽视了他缺乏海事法的相关经验。然而，并不是这种能力不足造成了他的任命问题，而是因为他不愿意在获得职位后投入必要的努力来学习基础知识。

这种区别很重要。自信不是问题所在。自信给我们信心，让我们能够培养所需的技能，给我们在工作中学习所需的宽容，让我们足够谦卑地寻求帮助和指导。

相比之下，过度自信会妨碍我们准确评估自己所缺乏的技能，并使我们对此产生抵触情绪——像我们这样的"大能人"为什么要操心细节问题呢？

事实上，几乎所有人都缺乏做好一份新工作所需的技能，原因很简单，我们以前从来没有做过那份工作。在大多数情况下，我们只能完全胜任我们现有的工作，或者我们过去做过的工作。

这个简单的真理对于主导人群之外的人来说并不总是显而易见的，他们经常觉得自己必须付出额外的努力来证明自己绝对适合某个职位。他们可能会被那些过去怀疑他们的人批评为"还没有准备好迎接黄金时间"，因此害怕在工作中学习时遭遇评判。他们可能熟悉一些表明他们队员在能力水平上经常被低估的研究。或者，他们可能在以前的任务中没有得到足够的资源和支持，希望避免在不熟悉的同事面前感到脆弱。

结果，那些来自主导人群领导者之外的人常常觉得，他们需要在第一天就做好准备，完美地完成一项工作，以便接受（甚至申请）一个新职位。

这是很常见的事儿。例如，我经常从猎头公司和人力资源主管那里听到，一些女性拒绝在职业生涯中向前迈进一步，因为她们"觉得自己还没有准备好"，担心自己缺乏技能，或者认为自己在目前的工作中"还有很多东西要学"。正如一位猎头哀叹的那样："我收到过一些非常合格的女性的申请，她们一开始就列出了自己可能不合格的所有方面！那些能力有限的男性往往表现出极大的自信，这使他们更有可能获得该职位。即使女性是最合格的候选人，这种情况也会发生，因为没有雇主愿意雇佣怀疑自己能否胜任工作的人。"

## 如何才能胜任

我在一家世界顶级医疗用品公司主持过一场高级营销人员研讨会。在会议上，能力和信心脱节的现象的影响得到了生动的展示。申请该公司发布的几个新职位的女性寥寥无几。在场的许多女性指出，这份工作的要求似乎令人望而生畏。她们感到惊讶的是，貌似这并没有阻止她们的一些男同事踊跃申请。

最后，一位女士问道："当一个职位列出六项条件时，你需要具备哪几项？我一直认为这六项都是必需的，但似乎有些人并不这么认为。"

这样的讨论来来回回——你需要具备五项还是四项就可以了？直到首席营销官（CMO）乔纳斯站出来分享了他的故事。

"十年前我就知道我想要现在的工作，"他告诉大家，"所以，当两级以下的职位空缺时，我倾尽所有去争取。当时的岗位要求清单显示了五项资质。我只具备两项。但我知道，我的任务是准确描述为何以及如何在合理的时间内学会其他技能，我相信我可以做到。没人指望你具备申请工作的所有条件。但他们希望你制订一个计划来跟上进度。"

房间里的女人听了他的故事，几乎倒吸了一口凉气。"没人指望你"拥有招聘启事上列出的所有技能，这对她们来说是全新的概念。一些人怀疑CMO的方法是否只适用于男性，因为他们认为女性通常必须具备更高的标准。

然后，其中一位女士问乔纳斯："你怎么知道没人指望你具备上面列出的所有条件？你似乎认为这是常识，但我不知道事情还可以这样运作。我想，如果招聘启事上写着五项技能，那就意味着你必须具备这五项技能，否则你就不必费心去申请了。"

乔纳斯想了一会儿，然后回答："实际上，是我职业生涯早期的一位导师鼓励我申请更高的职位。他告诉我，我有潜力胜任那份工作，而得到这份工作将促进我的职业生涯。他说，我所需要做的就是让我未来的老板相信，我有能力学习我需要学习的东西，并且愿意付出努力。"

基于这种交流，该公司的女性社区决定招募一个导师团队，帮助女性员工更好地了解如何以及何时申请内部职位。这重要的第一步产生了立竿见影的效果。6个月后，当下一个内部职位空缺名单发布出来时，申请的女性人数比之前多了70%。

值得注意的是，乔纳斯并没有像运输公司高管艾哈迈德那样过度自信。也就是说，他没有忽视自己所缺乏的资质，并认为"没问题"，因为他太聪明了，或者认为自己很特别。他也不指望更称职的助手来承担他工作中的大部分职责，让他省去培养所需能力的任务。相反，他理解并接受了这样一个事实：一旦他得到了这份工作，就必须努力工作才能变得合格。

换句话说，他不认为信心可以代替能力。相反，他认识到能力是不断发展的，而我们培养能力的最佳机会就藏在我们工作的过程中。

## 让我换一个方式问

即使是最自信、最成功的女性，以及那些来自其他非主流群体的人，也会因为感觉没有准备好继续前进而纠结万分。我们之前提过，桑迪·施托兹是海岸警卫队的三星级海军上将，也是美国军事学院历史上第一位女院长。 下面是她在职业生涯中期的一个故事。

在连续六年的海上任务后，桑迪被分配到位于华盛顿特区的海岸警卫队总部的破冰船采办部门。尽管她并不想接受岸上工作，但她发现自己喜欢这份工作。作为工程师和后勤人员团队中唯一的运营人员，她获得了很好的学习和增值机会。她特意告诉她的指派官，她对自己被派去做这份工作是多么感激。

之后的第二天，他打电话问她是否愿意面试美国交通部长的军事助理一职，这是一个内阁职位。（没错，这位指派官也是后来她被任命为破冰船指挥官时出现的同一个部长。）

桑迪很惊讶，他竟然认为她已经准备好迈出这么大的一步了。她解释说，她感到很荣幸，但正如她所指出的，她热爱目前的工作，认为该职位与她的技能非常匹配。她补充说："而且我的团队需要我。我不想因为有更好的工作机会就抛弃他们。"

她的指派官没有被她说服。第二天，他又打来电话。"针对昨天的问题，让我换一个方式问，"他说，"你什么时候有空与部长面试？"

桑迪意识到，她无法拒绝这份工作，所以她参加了面试，尽管她害怕被那个级别的人评头论足，也不认为自己会被选中。然而，面试进行得非常顺利，她发现这位指派官对海岸警卫队的明显兴趣和承诺鼓舞了她。然而，当她得到这份工作时，她感到震惊，事实证明，这是她职业生涯的转折点。这个职位拓宽了她的视野，帮助她看到海岸警卫队在更大图景中所处的位置，给了她很高的能见度，并让她有机会接触到政府和行业的最高层。

关于这个故事，有两点对本章很重要。

首先，即使是像桑迪这样有成就、有自知之明、有勇气的女性，也表示不愿意获得重大晋升，因为她质疑自己的资格，并对自己的工作深感忠诚。其次，她同意参加面试的意愿是基于一个老板的作用——他表现得像一个导师，通过重新表达他的请求，明确而微妙地发出命令。她说她还没有准备好，但她的指派官不予理会，这促使她迈出了重要的一步。

# 第五章

## 触因 4：你想说什么

*我们同心崛起，因为我们欣赏并学习彼此不同的沟通方式*

　　若想同心崛起，最重要的技能就是清晰而充满激情地交流我们的成就、见解、想法和疑虑。这一直都是事实，但随着我们的组织和文化变得更加多元化，这样做变得更加复杂，甚至有一定的挑战。

　　今天的人们在工作中融入了不同的价值观、假设、关注点和说话风格。这增加了我们被曲解或被误解的可能性，以及我们曲解或误解他人的可能性。每当我们开口说话或写电子邮件或短信时，我们就有了一个新的机会，不仅可以吸引和激励别人，也可以让别人感到困惑或疏远。因此，沟通成为我们日常生活中最常见的触因也就不足为奇了。

　　然而，意识到这种挑战会麻痹我们的自发性，阻碍我们展现最好的自己。请注意，我说的是我们最好的自己，而不是最真实的自己。因为事实是，沟通中优先考虑真实性会削弱我们告知他人、向他人学习以及与他人建立联系的能力。

尽管存在这种固有的冲突，但我们一直被敦促将真实性放在首位。

商业媒体以及许多教练和专家都将真实性视为一种竞争优势和业务必需，不仅对品牌如此，对个人也是如此。最近，我在做研讨会或演讲时，很少有人会问我如何在保持真实自我的同时肯定与宣扬自己的成就、领导一个团队或吸引导师的注意力。杂志和网站上充满了旨在帮助我们"摘掉假面具"的策略，这样我们就可以更真实。

我们很容易看出这一趋势的起源。我们中的一些人在相对墨守成规的工作场所开启了自己的职业生涯，在那里，一些男性为我们定下了基调，我们可能花了几十年的时间来压抑自己的长处和弱点，希望能融入其中。同样的道理也适用于那些来自代表性不足的文化的人，以及那些可能对婴儿潮一代的价值观无处不在感到不满的年轻工人。

当然，多元化的巨大价值在于它能够为组织带来不同的视角和风格。关键是要平衡我们自身真实而独特的东西（比如，我们的认知、价值观、文化背景、本土风格）与别人认为值得尊重和有说服力的东西。因此，用沟通教练莫莉·张（Molly Tschang）的话来说，将我们的努力集中在"巧妙地表达"上通常是更明智的做法，不建议为了真实性而直言不讳地说出自己的想法。

## 真实的陷阱和沟通的方式

我得出的结论是，当前对真实性的追求应该带有一个大大的警示标志。

首先，在我们的一生中，只有我们最深层的精神或核心才能够区分我们；除此之外，我们总是在变化、进化、成长。科学家告诉我们，生物圈中的每一个生物都由数万亿不断生长和不断死亡的细胞组成。人本身就是一个充满变化的小宇宙。

我们从经验中知道这一点。我们大多数人都会有这样的时刻：回顾过去的自己，为自己说过的话、做过的事或想过的事感到震惊。然而，"真实自我"的概念暗示，我们的价值观、行为或说话习惯是不变的，任何改变或适应都是对真实自我的背叛。

但是，把精力集中在忠于我们定义的真实自我上，会削弱我们改变和成长的能力。试图以一种有效和有说服力的方式沟通，同时保持我们对真实性的承诺，会让我们张口结舌和困惑不解。我们大多数人通过反复试验来学习如何通过观察我们所说的话与他人产生共鸣的方式来表达我们的意思。"自我"和"他人"都得顾及。

我们不能指望当前的真实自我来帮助我们做到这一

点。而未能考虑到"他人"声誉的风险正在成倍增加。每当我们打开社交媒体账户时，我们都在冒险进入有争议的领域。我们觉得有趣的东西可能会冒犯那些经历与我们不同的人。我们坦率地承认一项任务让我们抓狂，可能会削弱从未与我们共事过的老板或团队的信任。

此外，诸如"对权力说真话""我要做我自己"等流行的口头禅，经常被用作释放我们内心"坏蛋"的许可证。而我们最本能的反应会把我们引向死胡同。

这让我想起了马歇尔·古德史密斯在 20 世纪 70 年代攻读心理学博士学位时的经历：他观察、组织或参加每天持续 8 小时的会心团体<sup>⊖</sup>，持续了数月。这些会面的目标是无情地推动参与者分享他们真实的、未经调解的感受，不顾后果地发泄出来。但在深入研究并迫使参与者变得越来越真实之后，团体中不可避免地出现的真实感受通常分为两类：要么是"我恨你"，要么是"我爱你"。

在工作场合，这两种反应都不是特别有用。

我相信我们都可以通过放下对真实性的担忧，转而努力成为更熟练的沟通者。这需要我们理解影响我们说话方式的基本要素，磨炼我们对什么有效、什么无效等问题的感悟，并致力于清晰性和专业性的提升。

---

⊖ 会谈时通过自我表达、冲突及肢体接触等来培养自我意识和相互理解的一组人。——译者注

## 关键因素：雷达型关注者和激光型关注者

我们如何沟通是由三个因素决定的。

- 我们注意到的东西，即我们看到和观察到的东西，构成了我们感知的细节。
- 我们看重的是我们注意到的东西。鉴于我们理解世界的方式，这些东西似乎很重要。
- 我们如何将点点滴滴串联起来，讲述一个关于我们注意到的东西的故事，即我们如何将我们所观察到的和珍视的东西传达给他人

因此，"注意"是基础，它决定我们相信什么是重要的东西，以及我们选择怎样的词语来描述这个东西。

这可能会很棘手，因为我们所注意到的东西是由我们的经验塑造的，这些经验会因性别、年龄、种族或性取向而有所不同。

我们注意到的东西有助于我们的生存。但它也塑造了我们的沟通方式，因为它影响了我们选择描述我们的感知的词语，影响了我们把点点滴滴串联起来讲述的故事动态。因此，难怪我们要注意，风格上的差异是误解的常见来源。

1994 年，美国顶级证券律师之一布鲁克斯利·伯恩（Brooksley Born）被任命为美国商品期货交易委员会

（CFTC）主席，这是一个经典且有据可查的例子。她震惊地发现，20万亿~30万亿美元的衍生品市场对全球经济稳定构成了重大风险。因此，她提议加强对银行持有的最不透明证券的监管。

但这位女主席的高级经济顾问，以及美联储主席和证券交易委员会（SEC）主席对她的担忧不予理会。他们认为，华尔街的奇才们了解这些复杂的数据，而伯恩过于看重外部因素。因此，他们建议国会阻止商品期货交易委员会（CFTC）监管衍生品市场。在接下来的十年里，这个市场将飙升至680万亿美元，然后崩溃，引发2008年的金融危机，其社会后果我们至今仍在承受。

不仅是伯恩，还有其他一些备受瞩目的女性，包括联邦存款保险公司（FDIC）主席希拉·拜尔（Sheila Bair）、华尔街著名分析师梅雷迪思·惠特尼（Meredith Whitney），以及花旗银行和雷曼兄弟的女性高管们，在2008年之前的几年时间里都对这种情况发出了警告。然而，尽管这些女性拥有专业知识和职位权力，却沦为希腊神话中的卡珊德拉（Cassandra），预言灾难却无济于事。

2008年的金融危机或许提供了历史上最昂贵的一个教训，也揭示了女性和男性在关注和沟通周围世界方面的差异。

伯恩和她的预言家同人无法得到倾听，因为从本质上讲，与她们试图警告的人不同，她们更多地关注与众不同的事物（"外部效应"）。结果，那些被警告的人根本不理解她们是如何把这些点点滴滴串联起来的。

科学研究给出了一个原因，正如我和我的合著者朱莉·约翰逊（Julie Johnson）在撰写《女性视野：女性在工作中的真正力量》（*The Female Vision: Women's Real Power at Work*）时发现的那样，我们探索了注意力在塑造我们如何看待世界方面的作用。例如，显示大脑运作的功能性核磁共振成像显示，女性一般倾向于同时关注很多事情，而男性一般倾向于依次关注，一次关注一件事情。因此，女性的注意力就像雷达一样，扫描周围的环境，收集各种各样的线索。相比之下，男性的注意力可能更像激光，集中在狭窄而深入的地方，屏蔽掉任何看起来无关紧要的周围事物。

这些差异会实时影响我们决定说什么和怎么说。

例如，激光型关注者倾向于重视简洁性、底线数据和直击要点的能力。由于专注，他们不太可能意识到自己的话对他人的影响，也不太急于对自己的观察结果进行限定，或者考虑他们的数据无法解释的情况。

相比之下，雷达型关注者往往喜欢分享大量的背景信息，包括对她们想要讲述的整个故事来说似乎很重要的所有细节。雷达型关注者通常对自己的话对他人的影响很敏感，可能还会去细品观察结果。这种敏感性可能会让她们更愿意听取其他观点。

鉴于这些差异，男性会认为女性说话有时会跑题或离题，于是不予理会，这也就不足为奇了：**她想说什么？我跟不上，她的话题很混乱。**结果，他们可能会完全停止倾听。或者，他们可能试图总结一个女性在会议上刚刚说了什么，以便其他男性能听到基本要点，这给女性们留下了浮夸和居高临下的印象，这是著名的"男人说教"。

反过来，女性可能会认为男性的激光型关注是迟钝的和缺乏理解的，他们过于依赖硬数据，并且抵制细微差别。这可能会导致她们得出男人"根本不明白"的结论，甚至放弃尝试让自己的声音被听到。

激光型关注者面临的挑战是识别他们可能感知到的零碎想法或提高随机表达的有效性。雷达型关注者面临的挑战是控制自己的"雷达"，以便以更注重焦点的方式进行沟通，使那些具有更偏"激光型关注者"的人能够听到。

## 控制"雷达"

几年前，我在为一家全球生物技术公司的前 50 名女性举办研讨会时，上了一堂关于女性为什么要控制"雷达"的必修课。我已在第二章中简要提及，雪莉是其公司运营级别最高的女性，负责公司庞大而利润丰厚的糖尿病研究和产品开发业务。有一次，我当着大家的面问她，她认为自己成功的关键因素是什么。她毫不犹豫地回答："我的能力就是简洁。"

雪莉解释说，在加入公司之前，她曾是一名私人诊所的医生。她说："我来自美国南部，所以我必定拥有过人的口才。但20年的实践迫使我严于律己，让自己的表达变得简洁。作为一名医生，由于保险公司的限制，我经常要在很短的时间内向病人提供很多复杂但重要的信息。生死攸关，所以我要学会关注最重要的东西。如果我讲太多细节，就有可能让患者面对太多事实，让他们应接不暇。"

这一技能让雪莉在企业环境中受益匪浅。她说："在大多数组织中都有一种男性的腔调，非常重视干脆利落。和我一起工作的高层男性往往注意力持续时间很短，只有在我马上切入主题时，他们才愿意听。他们很感激我从第一天上班就明白了如何做到这一点。这对我帮助很大，所以，现在我花了很多时间指导那些往往在沟通中使用大量语言的优秀女性也这样做。"

就像女性可以让自己更简洁、更快速地切入主题中受益一样，男性也可以让自己成为耐心的倾听者中获益，愿意考虑他们认为不相关的细节实际上可能很重要。他们还认识到，数据、网格和图表未必能说明一切。

正如领导力大师汤姆·彼得斯（Tom Peters）所言："硬性的东西（指数字）可能是软的，也就是说，它易于操纵，有助于确认偏见。而长期以来被视为软性的东西（建立关系、共情、直觉认知）也可能非常硬。只有承认这一点，人们才能从中受益。"

## 不断提升意识：年龄不只是数字

2020 年头几个月，当全球新冠感染病例开始激增时，大多数组织都让员工回家远程工作。事实证明，这一趋势产生了许多意想不到的影响。但它进一步复杂化了不同沟通方式带来的困难，尤其是跨年龄层的沟通方式差异。

例如，一家科技公司雇用了很多年轻的千禧一代和 Z 世代<sup>⊖</sup>员工，当现场办公几乎在一夜之间变成虚拟办公时，这家公司的女高管开始担心这些年轻人。"我想知道他们过得怎么样，我想让他们知道我很关心他们，所以我开始定期给他们打电话。当然，我很少联系到人，所以大多数时候我都是留语音。但令我惊讶的是，他们中很少有人回我电话。他们发邮件而不是打电话。我认为，传统观念必定正确，即年轻人往往会避免实际对话。"

"错！"研究跨代际职场的作家兼教练林赛·波拉克（Lindsey Pollak）说："她打电话给年轻人，可年轻人害怕他们再打回去，也许会打扰她。婴儿潮一代在电话时代长大，所以他们乐意通话。但许多年轻人将手机响铃与'倒霉通

⊖ 指 1995 年至 2009 年出生的一代人，他们一出生就与网络信息时代无缝对接，受数字信息技术、即时通信设备、智能手机产品等影响比较大。——译者注

知'联系在一起。对他们来说，一个计划外的电话可能会让他们感觉像是被解雇的前兆。加上他们不经常用手机，所以可能对自己的沟通技能不自信。"

在职场中，沟通偏好的代际差异比比皆是。我们需要认识到这一点，并加以考虑。我经常听到婴儿潮一代（我这一代）抱怨年轻人沟通能力差，他们把自己当作做事的标杆。更好的方法是欣赏不同年龄的人带来的不同技能和舒适度。这需要你磨炼感悟能力。

以下是林赛·波拉克列出的跨代际交流时要避免的各种陷阱：

- **你要考虑到，单词的意思会随着时间的推移而改变。** 林赛举了一家投资银行给初级员工布置作业的例子。经理们沮丧地发现，在他们看来，员工们互相请教答案是在"作弊"。相比之下，员工们认为他们是在合作。他们习惯于在学习小组中做作业，认为这只是为了提高效率。

- **你要将"反馈"重新定义为"教练"。** 记住，初级员工通常没有被批评的经历。千禧一代可能是在父母年龄相对较大的小家庭中长大的，这些大龄父母习惯鼓励孩子，而不是纠正孩子。他们去的学校可能会鼓励贵在参与。所以，比起反馈（让我们面对现实吧，除非我们主动要求，否则很少有人会喜欢反馈），基于我们自己经验的指导更有可能被接受。

- **你要认识到，你定义工作和生活之间界线的方法可能并不适用。** 越来越快的技术增加了我们所有人的压力，让我们必须随时待命，重新定义了紧迫性，并将工作推向了 7×24 小时工作。林赛的研究表明，年轻的员工不仅不太在意由此引发的工作与生活平衡问题，而且往往认识不到二分法。他们会问："这不是我的全部生活吗？"与此同时，在一个工作狂盛行的世界中成长起来的年轻员工，往往能很轻松地应对过分的要求，并轻松地分享自己的界限："我本周下午 5 点就要下班了 。"

- **你要尊重不同程度的敏感。**年轻人从小就被训练要注意一些敏感问题，所以在感到被冒犯时很容易反击。重要的是，那些成长方式不同的人不要将其视为"对社会问题的觉醒"，而是要接受我们关于世界万物都会随着时间的推移而演变的定义。有效的沟通者会考虑到这一点。

- **你要敞开心扉去接受员工戴耳机工作的现象。**这一点让许多高级经理抓狂。"使用它们的年轻人怎么可能集中注意力呢？"但从小就戴着耳机做作业的员工表示，使用耳机有助于提高他们的工作效率。所以，你最好还是相信他们的话，除非你发现他们的工作效率明显下降。

- **你要努力记住每个人的名字，并且尊重他们。**林赛对年轻员工的离职采访显示，他们最主要的抱怨是他们为之工作的人从来没有学会如何念自己的名字。"近几十年来，人们对名字的选择出现了爆炸式增长，"她指出，"因为名字已经被视为表达个性的一种手段。与此同时，组织也变得更加多元化。"在这种环境中，傲慢和判断是不尊重和贬低人的。如果出现不熟悉的名字，只需询问如何发音，然后记住，就可以了。

- **请你丢掉刻板印象的标签**。媒体似乎喜欢把数百万高度不同的人归入不同的类别，并给他们贴上标签。几十年来，我们不断听到关于想象中的外出工作的女性和不外出工作的女性之间的"战争"的故事。由于虚拟办公已使这种归类法基本过时，人们的注意力转向了不同世代之间各种所谓的战争。如果你的工作是分析长期人口趋势，并且你正在寻找一个角度，这可能会很有帮助。但在工作场所，贴标签会削弱我们将彼此视为个体的能力，让我们看不到其他人做出的贡献，并削弱我们以团结的方式进行沟通的能力。

## 都是假设惹的祸

当然，标签是刻板印象的一种形式，是一种基于泛化类别对个体做出评估的习惯。诸如"年轻人生活在网上""女人喜欢购物""男人主要谈论体育""亚洲人努力工作但不说话"之类的刻板印象，主要显示了我们自身经验的局限性。这些标签严重破坏了我们真诚沟通的努力。

在我认识的人当中，很少有人在帮助他人摆脱刻板印象方面比贝弗·赖特（Bev Wright）更有经验。贝弗·赖特是一名高管教练，在 IBM 有 38 年的招聘、发展和培训人才的经验。贝弗也是达拉斯谈判桌（DDT）的现任主席，DDT 是一个由达拉斯领导力学院的校友发起的非营利组织，也是一个将来自不同背景和行业的人聚集在一起的论坛。

贝弗在 DDT 的第一次经历让她有机会认识到自己的偏见所起的作用。"那里有一个白人，和我一样是律师，他来自得克萨斯州东部。我不是在那里长大的，但我的父母来自纳科多奇斯，小时候我经常在夏天去那里。我有机会看到那里的成年白人是如何和我父亲说话的，就好像他根本不是一个成年人一样。因此，我对得克萨斯州东部的白人男性做出了很多假设。我决定做的第一件事就是我不想坐在那个男人旁边。我想坐在别的地方。但我最终坐在了他旁边。"

DDT 主持人明确指出，DDT 的两个基本规则是"以真实的自我出现"——也就是说，谈论塑造了你的人生经历，倾听他人时不带评判。这个要求很有挑战，但贝弗尽力而为。

"我首先请坐在我旁边的那个人告诉我，是什么塑造了他的人格。他谈到自己成长在一个种族完全隔离的世界里。他说，直到上高中，他才知道黑人词汇不是全民公认的语言。在他说话的时候，他让我觉得那个世界是真实的，所以我也试着这么做，告诉他，我父亲经历的事让我对得克萨斯州东部的白人有了怎样的看法。在我们交谈的过程中，我明白了我俩最初都像一张白纸，别人教给我们的东西深深印在了我们的脑海里。这么多年后，我们在这里试图向彼此讲述这些经历，尽可能地诚实和直接。很明显，我们能做到这一点的唯一方法就是抛开我们的假设，把彼此视为个体，而不是某个群体的代表。"

贝弗回忆说，她在 DDT 工作的第一年是非同寻常的，因为"以真实的自我出现使人们能够分享他们通常不与他人分享的东西。一名男子谈到了对平权法案的怨恨，因为他指责它摧毁了他父亲的货运公司。这使他产生了怨恨，然而，当他把这事儿摊开来谈的时候，我们也不加评判地听着，他自己得出了一个结论：他父亲实际上是个穷商人。他意识到自己一直试图否认这一点。向那些真正倾听的人坦诚地讲述这件事，有助于他认识到这一点，并开始驱散他自己的恨意"。

DDT 的一些基本规则可以帮助我们所有人超越那些让我们无法作为个体体验彼此的普遍假设，这对于带着真实和力量沟通至关重要。

其中包括：

- 提出问题，然后倾听对方的回应。
- 寻求理解而不是回答。
- 不许辩论，不许顶嘴，不许反驳，不许说"但是……"。
- 注意自己的反应。

"刻板印象是懒人了解别人的方式，"贝弗·赖特总结道，"这与真正的沟通是相反的，后者需要我们倾听个人分享的经历，并愿意分享我们自己的经历。我们常常害怕这样做，这就是为什么大多数多元化的对话缺乏深度，只停留在表面。但如果我们不深入对话，就无法建立基于信任的关系。"

随着我们的工作场所和社区变得越来越多元化，超越刻板印象的能力只会变得越来越重要。祖籍韩国的作家杰伊·卡斯皮安·康（Jay Kaspian Kang）指出，将20个文化迥异的国家的人归类为"亚洲人"是荒谬的。

就像大多数给个体分配群体身份的努力一样，这种分类也抑制了我们良好沟通的能力。这是因为没有人（我们当中没有一个人）愿意以一个更大群体代表的身份接受对话。我们不是典型的代表：我们每个人都是独一无二的。

## 专业主义

在20世纪80年代和90年代，美国几乎没有女性担任有影响力的职位，我一直在想，在一个以自信男为基调的职场文化中，我如何才能既展示自己的潜力，又找到自己的位置。我自觉地努力去适应，结果常常让我张口结舌或紧张。

在接下来的十年里，随着我的工作越来越全球化，我花了很多时间思考如何调整我提供的内容以满足不同受众的需求。这又加深了我的困惑。因为我总是事后怀疑自己说的话（"那合适吗？在这种情况下，我应该说点别的吗？"），我努力做到思路清晰。

后来，我的同事比尔·威尔斯玛（Bill Wiersma）给我寄了一本他的里程碑式著作《专业主义的力量》（*The Power of Professionalism*）。

比尔提出了一个有说服力的观点，如果我们认为自己是专业人士，就可以帮助我们在一系列情况下站稳脚。对我来说，这一顿悟醍醐灌顶。我意识到，我的自我意识在很大程度上根植于始终认为自己是一个女人或一个美国人，或者两者兼而有之。这种对身份认同的关注，让我觉得自己与社会格格不入，而不是社会的一部分。

相比之下，我渴望成为一名专业人士，即一个做出承诺并按照自己的价值观行事的人，而不是把这些价值观凌驾于其他事物之上，这让我与任何做出类似承诺的人瞬间建立了联系，无论其文化或背景如何。

因此，我不再思考我应该更加坚定或更加谦和，或者我是否需要调整我的措辞以适应那些可能经历与我不同的人，我开始简单地问自己某个特定的回应或故事是否体现了我是一个专业人士。

当我这样做的时候，我一直焦虑地试图超越的界限消失了。

专业主义可以很好地平衡差距。年轻员工可能比高级经理更专业；护士可能比训练有素的外科医生更专业；雇来写演讲稿的人可能比发表演讲的大人物更专业。

专业主义也不仅仅局限于那些传统上被认定为提供专业服务的公司人员：律师、银行家、会计师和顾问。

相反，专业人士是指在工作中遵守道德规范、勤奋可靠的人。比尔指出，电工、发型师、儿童看护、木匠、邮政和一线工人可能比那些有高等学位的人更专业。正如他所说："专业人士可能拥有顶尖大学的博士学位，也可能经历过逆境的磨炼。"

一旦你开始寻找，专业主义的例子无处不在。在第四章中，我们看到了艾伦·穆拉利如何在没有"汽车男"背景的情况下担任福特的领导。他所带来的是一种坚定的承诺，即表现得像一个专业人士，并要求其他人也这样做。

我们还看到三星级海军上将桑迪·施托兹低调而有策略地反击她的上司，这证明了她的专业主义，使她成为第一位指挥海岸警卫队主要船只的女性。相比之下，她那过于自信、固执的上司恰恰是不专业的典型代表。

根据比尔的工作经验，以下是我自己作为一名专业人士的言行准则：

- 专业人士尊重他人的时间，他们会准时出现，说话尽量简洁。
- 专业人士表现出耐心，他们认真倾听，避免显得匆忙。
- 专业人士不会抱怨，他们明白事情并不总是按计划进行，所以他们接受挫折并继续前进。
- 专业人士不参与八卦，他们把负面的观察和故事藏在心里。
- 专业人士帮助他人发光，他们不会主导谈话，并且慷慨地赞扬他人。
- 专业人士会表达感激之情，他们优先感谢任何帮助他们完成工作的人。
- 专业人士努力做到思路清晰和沟通明确，他们事先把事情想清楚，以便准确表达自己的意思。

## 表达清晰

让我们进一步研究一下最后一点，关于清晰的问题，因为表达清晰往往是很难做到的。

在我的研讨会上，我经常要求参与者写一份意图陈述，并在 30 秒内用简短的语句描述他们最想在工作中做出的贡献。这听起来很简单，但在第一轮对话时，我通常会听到一大堆废话、流行语，以及不明确的抽象话和笼统话："我想成为一名变革官。""我的使命是释放我们团队的全部潜力。""我努力激励和吸引最优秀的人才。"

这些陈述的问题在于它们无法传达出说话者是谁、他们打算如何实现他们的目标，或者这对他们来说为什么重要。

我让他们深入挖掘，具体一点。你说的"变革"是什么意思？你会如何成为一名变革官？你会具体做些什么来释放你团队的潜力？潜力到底是什么？

在一定程度的推进之后，参与者必然会避免冗余，重新表述："我真正想说的是……"。

然后，他们提供一份清晰简洁的陈述，以引人共鸣和令人信服的语言描述他们最想在工作中做出的贡献。

一位律师助理说："我想让我们的律所雇佣善待他人的员工以实现友好合作的承诺。"

一位合规官说："我希望培训一个团队，能够在潜在的合规问题出现之前及时发现，这样我们就可以创造一种'秉持正确行事'的文化。"

一位医疗保健经理说："我撰写的书面沟通材料能够帮助人们了解我们公司的服务如何有益于公众健康。"

我指导这样的练习之后，总是会意识到，若要做到表达清晰，就需要很多思考，不仅要在制定意图陈述时（这本身就很困难）琢磨，还要在准备谈论任何重要的事情时推敲。清晰的思路不会凭空出现。即使是最熟练的沟通者也需要清楚他们想说什么，然后找到最简单、最直接的词语来表达他们的想法。

当你清晰表达的时候，就会吸引他人的关注。因为事实是当我们听到自己说话时，我们更有可能认识到自己的核心思想。与朋友或同事交谈的时候，清晰表达尤其有帮助。当我们犹豫不决或失去头绪时，我们就会意识到自己的表达欠清晰。擅长讲笑话和讲故事的人总是在别人身上试验他们的表达效果，这并不奇怪。

表达清晰还需要使用我们的听众不需要解读的语言。所以我们要避免夸大其词的短语、流行语和委婉语。当我们坚持使用与朋友或家人交谈时使用的词语时，我们会更有效率。此外，夸大其词的短语让我们过于野心勃勃，回避了我们打算做的具体细节。好吧，你想成为"变革官"，但是怎么做呢？

流行语和行话的问题在于，它们听起来既模糊又呆板，比如"颠覆""客户之旅"和"增长黑客"（更不用说"人性化"了），以及营销或人力资源术语的首字母缩略词，比如 CX、CRM、CRO 和人才 ROI。由于被过度使用和大量应用，它们变得非常主观，这意味着我们的听众永远无法真正明白我们要表达的意思。正如《企业》（*Inc.*）杂志指出的那样，流行语和行话主要用来让聪明人听起来很愚蠢。新鲜的语言总是更有影响力和冲击力。

最后，因为委婉语主要是用来掩饰我们真正想说的话，所以它们本质上是不精确的。然而，它们越来越多地困扰着我们在工作中的谈话，影响着我们对同事的看法。"他是少数族裔。""她是个具有多元化的员工。"这些表述究竟是什么意思？有些情况是不是一定需要指出来？如果是的话，我们为什么要回避具体问题呢？

你最好要认识到，试图在委婉语的"优雅阴霾"下掩盖一个简单的事实，无意中暗示了直截了当将是一种冒犯。所以，当我们用"多元化"这样的词来描述一个人时，我们可能会想象自己是"友好的"，但我们却在主要表明，在谈论我们认为与自己不一样的人时我们会感到不自在。

这可不是同心崛起的秘诀。

# 第六章

## 触因 5：这不公平

我们同心崛起，认识到"这不公平"
在多大程度上是一场失败的游戏

我们认为自己遭遇了不公平的对待，这种想法会像其他触因一样触发我们的情绪，比如怨恨、愤怒、沮丧和失望。马歇尔·古德史密斯甚至将"这不公平"触因描述为"永不停歇的触发机"。这台机器高速运转的原因是，尽管日常生活中有证据表明生活可能是而且经常是非常不公平的，但我们仍然期望自己应该得到公平对待。

当然，我们应该这样期望。在一个理想的世界里，我们会这样期望。但这并不是我们大多数人生活和工作的世界。真正的问题是，当我们意识到自己受到了不公平的对待时，我们如何应对自己的情绪。我们是直接解决问题并试图化解危机，还是会将任何对不公平的感知放大为满腹委屈？我们如何与那些我们认为从不公正中获益的人合作？

这些都是敏感的问题，尤其是当性别、种族或民族混杂在一起的时候。评估如何解决这些问题的一个关键点就是确定它们的相对重要性。在"我也是（MeToo）"运动时代，这可能很难做到，因为我们一直被鼓励对感知伤害保持警惕。尤其是许多刚进入职场的年轻人已经被他们的大学经历灌输了警惕微歧视和微不公平的思想，有时还把这些思想与主动歧视、骚扰或种族主义一视同仁。

当然，严重或持续的偏见模式需要人力资源部门的介入，可能还需要法律体系的介入。系统性问题需要采取系统性应对措施。但是，那些经常突然出现的、有能力伤害我们的、让我们陷入困境的、破坏我们关系的、不那么痛苦的情况呢？还有，我们日常生活中对不公平的感知呢？

如果我们要同心崛起，就必须准备以个体的方式应对这些问题。我们简单地压抑自己的感情是没有好处的，在试图前进的时候，我们的内心会十分恼火。这会让我们觉得自己被贬低了，最终可能会疏离我们原本喜欢的工作。但如果采取相反的策略，即公开发表观点或提出正式投诉，可能会适得其反。因此，如果我们没有得到预期的晋升，或者我们反对老板的领导风格，我们就会仔细考虑要不要采取强硬的手段。

## "谦卑派"<sup>一</sup>的故事

艾瑞卡（Erica）是一家全球金融公司的才华横溢的领导者，她在职业生涯早期就遇到了公平方面的触发事件。她和她的同事路易斯（Louis）同时被选中去一同领导一个他们银行正在建立的创新孵化器以探索接触小企业的新方法。艾瑞卡说："我是有创造力的人，擅长创新，而且我有与小企业客户打交道的经验。所以我认为自己是孵化器的完美人选。我认识路易斯是因为我们同时被公司聘用，一起接受培训。我喜欢他，但认为他是个墨守成规的思考者，是个循规蹈矩的人。当上级选择他参与这个项目时，我感到很惊讶，但我想，他们可能希望有人更专注于维持现状以平衡团队的创造力。"

该孵化器很快就取得了成功，艾瑞卡提出的关于客户合作关系的一些想法也被付诸实践。后来，银行决定把实验室变成一个全面发展的客户营销部门。"我以为我会被选为负责人，"艾瑞卡说，"我有经验和技能，加上团队向我寻求解决方案。因此，当路易斯得到晋升时，我感到震惊，尽管

---

○　指对过度傲慢或自夸的隐喻惩罚。以纠正自己之前的傲慢或不适当的行为、言辞。——译者注

从某种程度上说这并不奇怪，因为这家银行非常擅长提拔男性。"

艾瑞卡试图调整失望的情绪，但是，让路易斯做她的老板让她很难受。"我无法坦然地为一个在我看来资历不如我的人工作。我知道路易斯能感觉到这一点，所以我一直等着他说点什么，尽管我知道他不喜欢冲突，期待他说点什么也没有意义。不用说，我们的关系变得紧张，还影响了整个团队。我们完成了工作，但我的内心怒不可遏。"

一天下午，当路易斯否决了艾瑞卡和一群零售商一起开发的一个项目时，事情发展到了紧要关头。"一想到要告诉那些零售商，我说服他们签署的一个计划被否决了，我就觉得很丢脸，基本上是让他们知道我没有什么权力。我很生气，决定早点回家。我想，如果我留下来，最终会叱骂路易斯的。"

当她正要走出办公室的时候，她听到路易斯大谈特谈他们办公室附近新开了一家面包店。艾瑞卡想用美味来安慰自己，于是在回家的路上顺道来了这家店。当她决定买一个看着很美味的奶油馅饼时，"吃谦卑派"（humble pie，赔礼道歉之意）这个词突然出现在她的脑海里。

我不知道这句话是从哪里来的，但我突然意识到我需要做的就是赔礼道歉。也就是说，我需要接受自己没有被选中的事实。这可能不公平，也确实不公平，但在我自己的心灵中充当烈士并没有帮助我。这也破坏了我和路易斯的关系，毕竟他现在是我的老板。

　　艾瑞卡买了奶油馅饼。回到家后，她拿出自己的水彩画，精心制作了一个标签贴在盒子上。在一片繁花似锦的景象中，嵌入了这么几个字：这是艾瑞卡的"谦卑派"。

　　第二天早上，她走进路易斯的小隔间，把盒子放在他的桌子上。他盯着它看了一会儿，然后说："你？谦卑？"

　　这句话把艾瑞卡逗乐了，两个人都笑了起来。她说："我们一直笑到肚子疼。然后路易斯打开盒子，切了两大块，我们坐在他的小隔间里，狼吞虎咽。人们都看着我们。他们不习惯看到我们在一起。再说，谁早饭后还吃奶油馅饼呢？"

　　当他们吃完后，路易斯看着艾瑞卡的眼睛说："我感觉你有什么事要告诉我。"

　　在这种情况下，艾瑞卡的愤怒得到了缓解，她能够诚实地面对现实。"我告诉他，我很难向他汇报工作，因为我认为我应该得到他的职位。我说我认为我的技能与孵化器更匹配，而且我为孵化器做出了更多的贡献。此外，我认为银行似乎总是提拔男性，甚至在女性合格的情况下也提拔男性，这是不公平的。"

　　路易斯告诉艾瑞卡，他已经意识到她的不满，但一直希望这事儿很快就会翻篇，他承认这不是最勇敢面对的方式。然后他指出，这不再是一个孵化器项目，而是一个管理项目，两者是不同的。他说："要晋升到管理层，你必须满足很多条件。这就是我忙着做的事情，而你却在发挥创造力。所以，如果你的目标是管理职位，也许我们应该谈谈，你能做些什么来实现这个目标。"

当路易斯列出他认为艾瑞卡需要做的事情时，艾瑞卡意识到她没有兴趣像他那样一一勾选并完成。"我最终意识到，这家公司之所以选择他，是因为他非常符合现状，善于交际，与公司的管理文化非常契合。那不是我现在的样子，也不是我想成为的样子。我告诉了他。他说：'好吧。那就谈谈哪条路适合你吧。'"

这开启了一场持久的对话，帮助艾瑞卡明确了她真正想要的职业生涯。"路易斯对我如何更好地定位自己提出了建议。这真的很有用，因为他的视角和我的截然不同。突然之间，我有了一个身居高职的盟友，而不是一个竞争对手，他帮助我看到了更广阔的前景，不仅是这份工作和一次晋升。"

现在回想起来，艾瑞卡相信，她的诚挚且另辟蹊径的送"谦卑派"之举，打破了她与路易斯的紧张关系。这表明她想要诚实地面对自己的不满，但以一种慷慨和幽默的方式表达出来。她说："采取这种古怪的行动让我摆脱了受害者的思维模式。我是那个一直心怀怨恨的人，所以，我也是那个需要解决恨意的人。送饼是一个冲动的举动，但事实证明，这是一个转折点，不仅有利于这份工作，还服务于我的职业生涯。"

## 满腹牢骚与文化变迁

艾瑞卡过去相信，现在仍然相信，性别是导致她未能升职的原因之一。但她决定不把注意力放在这上面。"我意识到，如果我总是在意性别问题，就会让我有理由把自己的不满变成一个社会问题。对我来说，把它视为一个信号，让我开始更认真地思考自己的目标，这更有帮助。"

十年后，艾瑞卡已经身居高位，经常有人登门拜访，并邀她为那些认为自己受到不公平待遇的女性提供咨询。她说："他们认为性别在其中扮演着重要角色，这通常是正确的。不公平是存在的，而且是真实存在的，尽管情况正在慢慢好转，至少在我们公司是这样的。但如果它不是威胁性的或令人发指的，我认为，寻找一种方法来消除它通常是值得的。这并不意味着你要压抑自己的不满。这是行不通的，它只会在内心侵蚀你。但这确实意味着要找到一种采取行动的方式，这样你就可以在不毁掉你的人际关系的情况下继续前进。"

艾瑞卡的做法引发了一个重要的问题。如果我们把日常生活中不公平的例子视为需要管理和克服的个人障碍，而不是挑战更大体制的机会，那么，我们不是在冒险削弱我们组织取得进展的能力吗？如果我们渴望成为长期改变的积极力量，难道没必要像做煎蛋一样先打破蛋吗？

这个至理名言就其本身而言是正确的，但它忽略了一个现实，即打破鸡蛋的人往往会和鸡蛋一起被打破。

现实是，权力政治总是在组织的决策过程中发挥作用。所以我们不想天真地挑战整个体系。正如领导力大师彼得·德鲁克（Peter Drucker）不厌其烦地说："决策是由有权做出决策的人做出的。"决策者不一定是最好的人或最聪明的人或最有资格或最有洞察力的人，而是凭借地位拥有权力的人。

当我们以一种公开的方式挑战这种决策时，我们就是在挑战权力结构。因此，除非我们有一个迫在眉睫的问题，并得到高管盟友的大力支持，否则我们可能会发现自己像被悬在那里，因为我们希望或假设会支持我们的人会躲起来。这听起来很刺耳，也没有反映出我们大多数人希望这个世界采用的运作模式。但如果我们选择挑战体制，就必须考虑权力在哪里。

此外，以个体方式解决日常不公平，并不意味着放弃推动更大的变革。鉴于公司的领导层变得更加多元化，通常公司会变得更加公正、正义、公平，因此，任何增加那些经历不公平的人升至权威和影响力职位的可能性，都有可能刺激系统性的变革。因此，努力工作，尽可能地取得成功，实际上可能是我们建立更公平文化的最有效途径。

## 追求公平的竞争环境

我们要放弃"这不公平"的想法，这可能很难，原因有很多。一个原因是，当我们意识到自己受到不公正待遇时，大多数人都会有强烈的情绪反应。另一个原因是在过去十年中，社会和政治环境鼓励人们关注不满和分裂，并使我们对任何潜在的危害保持高度警惕。"微歧视"等术语和对"反向特权"的指控都清楚地说明了这一点。

但我们也很难使我们的期望与现实保持一致，因为我们已经准备好相信我们的组织（应该）运作精英管理模式，严格按照贡献的比例分配奖励。精英管理模式的基本前提是，那些努力工作的人会得到回报，由此引申出来的意思是，任何失败者无论如何都不得志。

尽管我们大多数人都从经验中知道，在正确的时间出现在正确的地点，与正确的人建立联系（通常是纯粹的巧合），在塑造我们的道路上发挥了关键作用，但我们往往更愿意将我们的成功完全归功于我们自己的努力。我们可能不愿意承认运气所起的作用，无论好运还是坏运，都不相信，因为相信运气可能会让我们的生活和职业生涯看起来很随意，并削弱我们在努力中所获得的自豪感。

那些在精英体系中取得巨大成功的人，通常会以他们工作得多么努力来为巨额奖励辩护，就好像是一个单亲父亲或单亲母亲为了维持收支平衡而做两三份工作，只要全力以赴，也可以享受到类似的幸福。这样，人们就会在思维上陷入困境，采取了站不住脚的立场，不愿承认这个世界上最明显的事实：运气、环境、出身和父母的条件不成比例地让一些人受益，让另一些人处于劣势。而且，尽管努力工作通常是成功的一个因素，但光有努力是不够的。体育的术语被广泛用于描述我们的工作和生活，也会误导我们对公平的期望。体育教会我们很多关于坚持、勇气、团队合作和培养复杂技能所需的耐心的有益经验。但是，在政策必须不断调整以适应不断变化的商业环境和不断变化的领导层承诺的背景中，体育文化提供不了什么帮助。虽然我们经常这样说，但职业并不是一场游戏。塑造组织的条件从来都不是一成不变的，基本规则也会随之变化，所以，不适合用游戏来比喻。

同样，体育运动中"公平竞技场"的比喻也无法转化为大多数组织的运作方式。

体育存在于物理世界中，这意味着良好的设计和正确的设备可以使实际的场地或地面足够平整以避免始终有利于一方或另一方的异常情况（芬威球场的怪物墙可能是个例外）。相比之下，在组织中，这个场地是隐喻性的、想象中的地盘，在这里，拥有截然不同优势的个体从不同的起点出发，遇到不同的障碍。要想了解地形，可能需要你想办法得到内部消息。曲线球在投手丘上是一回事，在绩效评估过程中又是另一回事。组织中的地形总是在我们脚下发生着变化。

## 规则？谁的规则？

我们以规则的概念为例。在这一点上，用体育来比喻，也可能会误导人。

体育运动发生在一个确定的空间和时间内，并遵循可以列出、引用、裁决和上诉的规则。这使我们能够在这些有界限的参数中决定什么是客观公平的。此外，在体育运动中，裁判总是有最终决定权。即使是球场上最有实权的人，比如，主教练、史上最伟大的超级巨星等，如果提出了过于激烈的反对，也可能被踢出局。

在体育运动中，规则胜过地位。

相比之下，组织根据已声明和未声明的规则运作，反映出分散或隐晦的权力。举个明显的例子，整个公司的战略计划可能是由一个外部顾问设计的，而此人不参与执行，这意味着当事情出错时，没有人可以上诉。影响力和个人关系在决定组织中的权力的归属方面也发挥着巨大的作用，这也是规则性抗议经常被忽视的原因之一。在组织中，权力和规则相互交织。当然，这也适用于体育俱乐部的管理层，而不是球场上的球员。

公平问题在组织中可能是动态的，它可以创造一种环境，在这种环境中，我们很快就会质疑彼此的信念，因为我们不同的经历形成了截然不同的解释。这使文化处于动荡之中，既有积极影响，也有消极影响。

从积极的一面来看，在过去的几十年里，来自非主流群体的人们一直在不懈地提高人们对偏见在招聘、晋升和绩效评估中所起作用的认识。因此，那些处于决策位置的人现在更有可能认识到并寻求解决系统性的不公平问题。例如：

- 为什么这个副总裁的候选人名单上没有女性？
- 这些标准会对少数族裔候选人不利吗？
- 我们是否应该扩大范围，而不总是偏爱名校毕业生？

这样的言论在今天很常见，但在过去却很少见。

虽然这些投诉确实给整体文化施加了压力，但作为个体，采取消极的关注会让我们陷入困境，让我们彼此对立，加深分歧，点燃我们评判他人的人性倾向。怨恨可能会让我们把工作场所的社交活动限制在那些我们认为和自己相似的人身上，或者寻求确认我们如何从未得到公平对待的说法，因为_____（填空原因）。或者我们可能会转向内心，失去信心，并得出"这不值得"的结论，因为我们感到无人赏识和不受尊重。

这样，"这不公平"触因会削弱我们充分发挥才能、广泛合作、着眼于大局和享受工作的能力。消极的能量驱动了许多不公平的叙述，也削弱了我们有效倡导更大变革的能力，而我们希望看到这些变革落实到位。

# 打一场针对不公平的战役

随着公司寻求更具包容性的文化，那些占主导地位的群体可能会发现自己陷入了这不公平的境地。当领导层换届颠覆了既定的预期时，由此产生的不良影响可能会失控。

几年前，我和亚历克斯一起工作，他是一家大型汽车零部件制造公司的年轻设计师。作为工业设计学校学习小组中唯一的男性，他进入职场时认为自己与女性的关系比与男性的关系更好。但是，当他的公司高调地招聘、提拔和培养更多女性时，这种信念受到了考验。

这一举措始于一家全球咨询公司进行的一项广为宣传的研究，该研究将亚历克斯的公司在高级管理层以上的女性任职比例排在所在行业的后五分之一。在这一发现成为头条新闻后不久，首席执行官召开了新闻发布会，宣布公司承诺在未来五年内将女性员工比例提高四倍，晋升率翻倍，并成为女性"首选雇主"。

"我们计划迅速行动，"他宣称，"这是崭新的一天。请关注我们。"

公司从竞争对手那里聘请了一个新的人力资源团队，负责审查公司的招聘和绩效标准。他们发现了明显不公平的例子。

- 某个自动招聘软件程序会惩罚任何有过事业休息期的人。

- 薪水通常会根据候选人之前的收入进行调整，这意味着低收入者的收入会继续降低。

基于这些信息，人力资源团队制定了新的基准，并对公司领导人进行了为期两天的培训。除了解决具体的不平等问题，该团队还调整了经理的薪酬以反映他们在一年中提拔的女性员工数量。结果按照一条曲线进行评分，这确保了管理者之间会相互竞争。

亚历克斯沉浸在大灯设计的细节中，几乎没有关注，尽管他知道有几个和他同期被聘用的女性现在正在迅速晋升。他说："我倾向于避免办公室政治，相信我们的领导通常是公平的，所以我认为，获得晋升的女性肯定是值得的。有些人在抱怨，但我懂得远离那些抱怨。"

对亚历克斯来说，情况变得更具挑战性，因为他的经理让他参加了一个由新的人力资源团队引入的外部多元化顾问主持的无意识的偏见强化培训。亚历克斯回忆说："那是一次外出培训，我又有行程延误，所以我在培训行前说明结束后的深夜才回到酒店。当我回到我的房间时，我发现床上有一个盒子，上面写着'请列举你的特权'。"

盒子里附有一个信封，信封里装着空白纸条和说明。参与者必须写下他们曾经享受过的每一种特权。亚历克斯说："我的家庭相当贫穷，但我的父母坚持没有离婚，所以我写的是'完整的家庭是我的一种特权'。我很聪明，但我不确定这算不算一种特权。我必须靠自己的努力完成设计学校的学业，这意味着我花了六年时间才毕业，所以我不认为我的学位是一种特权。当然，我知道的情况足以让我写下'白人男性是我的一种特权'，尽管目前在公司里，男性似乎并不是什么优势，除非你已经身居高级管理层。但我想，如果我不这样写，就会在某个会议上被点名。"

事实证明，他的直觉是正确的。第二天早上，培训师大声朗读了每个人的陈述，检查每个白人男性是否"有特权"。然后，培训师要求参与者尽可能诚实地谈论他们写的东西给他们带来的感受。"不要害怕坦诚的表达，"他敦促道，"这里是一个安全的空间。"

许多女性，尤其是那些在该公司工作了一段时间的女性，表示这次培训活动让她们意识到自己遭遇了多么不公平的待遇。亚历克斯回忆说："她们举了自己被公司里的男同事'抛弃'的例子。一直以来，她们的贡献要么被忽视，要么成为有辱人格的评论目标。有些故事很糟糕，但可以让你明白，为什么很多女人认为男人一无所知却享有权利。一些女性甚至提到了她们在网上约会的经历。培训师一直鼓励她们深入挖掘，分享更多细节。"

听到这么多关于男同事的负面故事，亚历克斯努力不去为自己辩护。"我一直想说，我和他们描述的那些人不同，并指出我是如何没有得到大量机会的。我也不禁在想，这家公司现在是如何花钱让高管提拔女性的，为什么这不算是特权。但我知道，如果我说了这些，别人就会把我当成坏人。整件事让我觉得不公平，因为女性可以说出心中所想，但我知道，我不能畅所欲言。这感觉就像一个陷阱。"

在接下来的一个星期里，亚历克斯的经理叫他去做汇报。亚历克斯对会议的形式发表了一些评论，但没有说他对会议有多恼火。他说："我不想让经理把我和公司里那些总是抱怨女同事的人混为一谈。我和他们不一样。我不认为现在给女性机会是件坏事，因为过去给男性提供了很多机会。我不喜欢的是，我被假定拥有我不相信自己拥有的特权，我的经验也被忽视。另外，我知道我不能说实话，这对我来说真不是什么好事。"

亚历克斯被自己觉察到的不公平激怒了，但他以建设性的方式处理了这件事。

- 他至少承认了自己的感受。
- 他并没有因为竞争环境的变化而责怪与他一起工作的女性。
- 他没有抱怨"球门柱"已经移动了（这是另一个在职场世界中有限适用的体育比喻）。

相反，亚历克斯意识到公司的领导层正在试图改变企业文化，因为他们认为这是明智之举。他接受了这一点，继续他的工作。然而，为了使这种方法可持续，亚历克斯需要传播他的经验，并与同事和潜在盟友分享他的观察结果。到目前为止，他的公司还没有提供实现这一目标的方法。相反，新的人力资源团队忽视了他们的新政策对男性的影响，尤其是那些刚刚步入职业生涯的男性。随着时间的推移，亚历克斯的经验被忽视，这可能会随着时间推移促使他不再投入全力。

## 自下而上的公平倡议

看着亚历克斯的公司试图进行全新的变革，我想起了几十年前我在《包容之网》（*The Web of Inclusion*）一书中所写的一种截然不同的方法。我当时正在对迈阿密先驱报社（Miami Herald）进行分析，该公司的大量员工历来认为企业文化存在分歧，非常不公平。除了在报业内常见的商业和编辑方面的对立分歧之外，那些在英语版和西班牙文版工作的人也很少交流。他们之间甚至竖起了一道实体墙，因为说英语的员工觉得说西班牙语的员工"太吵了"。这堵墙经常被引用来比喻整体文化的分歧。

为了改变局面，迈阿密先驱报社新聘请了一位出版人，戴夫·劳伦斯（Dave Lawrence），他是一位该行业的高管，以团结人们和倡导卓越道德而闻名。在戴夫的领导下，该报获得了五次普利策奖。

戴夫在上任伊始就宣布了一项"公平倡议"，旨在确定迈阿密先驱报社需要做些什么来成为一个更公平的地方。但戴夫没有聘请顾问，也没有让人力资源部门负责制定和实施新政策，而是采取了一种自下而上的方法，招募了 40 名员工，成立了一个公平工作组。

工作组成员来自各个级别和部门，高级人员和初级人员以及男性和女性的比例相当。该工作组的目的是找出全公司员工认为不公平的地方，并在此基础上提出建议。唯一的基本规则是，整个工作组必须就他们支持的每一个建议达成共识。

工作组成员在公司各处设立了意见箱，要求人们写下任何觉得不公平的经历和故事，如果他们愿意，可以匿名。然后工作组成员通读每一张纸上的内容。工作组成员经常在所报告内容的有效性方面存在分歧，但因为他们必须达成共识，所以所有的内容被纳入考虑范围。这导致会议持续很长时间，而且经常很激烈。

正如一位参与者告诉我的那样："这个过程最后花了漫长的六个月。它真的考验了我的耐心，因为与有着不同经历和观点的人达成共识，既耗时又痛苦。但我学到的是，要想与某人达成一致，你需要倾听很多你可能不同意的内容，不是指指点点，而是试图理解对方的观点。我反复这样做，结果改变了我自己。我学到的是，你无法改变一个组织，除非该组织里的人在改变。让有不同经历的人一起工作并努力最终达成一致，这可能是最困难的行事方式，但这就是为什么这种方式可以长期有效的原因。而且，因为有这么多人参与这个过程，你不需要事后再努力争取他们的支持，从长远来看，这会节省你的时间和免去不必要的麻烦。"

最后，工作组提出了 26 项建议，戴夫·劳伦斯的领导小组在每一项上都签字同意。戴夫随后要求工作组成员与人力资源部门合作，确定具体的政策和实践内容以使他们的建议成为现实。同样，这不是一个快速的过程，因为很多人都参与其中，工作组必须就他们的决定达成共识。实际上，工作组成员几乎不得不教人力资源部的同事他们所使用的协作方式。人力资源部的一些人对此表示抗拒，一位高级领导离开了。但在工作组努力解决激烈问题的过程中建立起来的广泛信任，让人们普遍相信这是正确的方法。

工作组的长期影响是非常深远的。工作组成员后来将该报在灾难性飓风期间支持社区并保持出版的能力归因于他们学会了如何合作。"我们以前从来没有这样做过，"该报的执行主编说，"我们太专注于内部斗争，太专注于保护我们眼中的地盘。另外，我们在各自的圈子之外没有任何人际关系。只是因为我们学会了与我们认为几乎没有共同点的人合作，我们才有能力做出真正的努力。"

几十年后，我仍然认为戴夫·劳伦斯的方法是解决公平问题的最有效途径。让每个人都有一个论坛来分享感知到的不平等，让不同级别的员工来管理这个过程，让他们努力达成共识，总是比把任务交给一个专业团队更耗时、更复杂。关注所有人的公平，而不是某个群体的公平，不管这个群体在多大程度上遭受不公平，总是会赢得更广泛的支持。

迈阿密先驱报社和亚历克斯的公司一样，使用"纸条"作为其变革倡议的一部分，但这些纸条传达了非常不同的信息。

- "请列举你的特权"要求人们识别他们之间可能存在的所有不同之处，并使用指定的语言对他们的经历进行分类，虽然这样让人感觉并不真实。

- "分享你的经历"要求人们在不贴标签的情况下确定自己的真实感受。这增加了他们能够听到彼此的声音并感知到彼此共同点的可能性。这种方法让每个参与其中的人都有机会被倾听并感觉受到重视，这是建立公平文化的先决条件。

西点军校（West Point）领导与行为科学系前系主任、退役准将汤姆·科尔迪茨（Tom Kolditz）提供了另一个解决公平问题的经验。汤姆对"设身处地为他人着想"这一比喻的独特诠释，使他能够为部门内的同事创造机会，让他们分享彼此的经验并从中学习。

汤姆注意到，他手下的许多男员工都在想当然地抱怨女同事享有的特权。"我希望我能每天4点下班去接我的孩子。"这是一个常见的抱怨。汤姆说："所以我告诉他们，开始做吧。如果你要去接孩子，就去接吧。我不要求任何人按时打卡。只要做你需要做的，把工作做好就行了。"

男员工们一旦开始相信汤姆的话，他们就会发现，休息一会儿处理个人事务根本不会对工作造成干扰。他们不再抱怨女性享有特权。汤姆说："另外还有一个意想不到的收获。当男性加快步伐，开始处理更多的个人事务时，他们就会更有效地管理时间，就像女性一直以来所做的那样！"

# 第七章

## 触因6："葡萄藤"式的不健康人际网络

我们同心崛起，因为我们知道如何开发、扩展
和使用我们的人际网络

"这不公平"触因可以将我们推入基于身份的"抱怨孤岛"，这是一种可以理解但没有成效的反应，为我们设置了一个全新的触发机制。我经常听到一些女性断言，在过去的二三十年里，女性"几乎没有任何进步"，任何在这个领域待过一段时间的人都很容易反驳这种说法。我还听到一些男性声称，在一个"女性和少数族裔包揽一切"的世界里，他们几乎没有晋升的机会。

在现实世界，也就是在自我强化形成固定叙事的泡泡世界之外，这种信念很难维持。当我们在种族、民族等问题花费太多时间，以交换不愉快的故事作为一种纽带时，这些泡泡世界就会形成。当然，我们都需要时不时地发泄一下情绪，而不平等仍然存在，可能会让我们非常痛苦。当同情成

为一种习惯或一种确认我们归属感的方式，而不是激励我们采取建设性行动时，问题就出现了。

当同情占据主导地位时，我们的人际网络开始像葡萄藤一样运作。这是一个重要的区别。让我解释一下。

自美国内战以来，"葡萄藤"一词就被用来表示一种分享和放大信息、事实、警告、故事、八卦的非正式系统。

"葡萄藤"，也就是小道消息，在官方（传播渠道通常是自上而下的）信息被严禁外流或广泛不信任的系统中盛行。因此，小道消息最有可能在那些缺乏权力的人中间传播。对他们来说，小道消息可以作为一个重要的信息来源，这些信息可能准确，也可能不准确。当然，众所周知，小道消息在社交媒体上也很流行，可以让错误信息和谣言像病毒一样散布开来，在全球传播。

小道消息可以在已建立的组织、机构和社区中立足。当一个软弱或自私自利的领导者隐瞒信息，制造出一处需要填补的空白时，即使只有谣言和抱怨，也能形成"葡萄藤"。"葡萄藤"也深深扎根于整个群体感觉受排挤、无能为力和愤愤不平的文化中。因此，普遍存在且活跃的"葡萄藤"是沟通障碍的典型标志。

小道消息可以在有相似经历的人之间形成"回音室"，因为它们为我们提供了一种确认我们的假设、信念和偏见的方法，而我们无须用相反的事实或观点来检验它们。"回音室"往往青睐并强调那些耸人听闻的负面故事，这些故事的煽情特质使它们很容易让人分享。由于这种规则系统的特殊性，葡萄藤往往会放大不满情绪，并在接收和传递信息的人中间灌输一种愤世嫉俗或悲观的情绪。

通过"葡萄藤"分享的信息，可以让我们感觉自己好像知道了什么：成为知情人士，一个重要链条上的关键环节，一个重要网络上的强大节点。然而，"葡萄藤"并不能增强我们的实际力量。人们只是说说而已，而不是付诸行动。虽然"葡萄藤"可以给我们有效的方法去拖垮别人，但它们不会让我们进步。正如领导力教练兼人际网络促进大师比尔·开利（Bill Carrier）雄辩的那样："'葡萄藤'结不出有用的果实，只有一种苦涩的酒，可能让人上瘾。"

上瘾是一个精确的描述。"葡萄藤"行为，如八卦、互相侃着奇闻轶事、拉关系诉苦，可能会成为我们的一种习惯，成为一种默认行为，因为我们周围的人经常沉迷其中。我们可能会因为参与而倍感压力，但这样做为我们提供了一种适应环境的方式。或者，我们可能认为，倾听别人的抱怨能证明我们的同理心。

但我们需要仔细考虑，这对我们有多大帮助。

我的客户丹妮拉（Daniela）曾与一位冷漠的主管发生过一场史诗级的斗争，在经历了巨大的焦虑之后，她终于解决了这个问题。后来，她所在部门的主管给了她一条有用的建议。"你很好地处理了一个糟糕的局面，"她说，"但你把太多人卷入了这段旅程。我知道这里的人常常闲聊，但你有太多的潜力，不应该浪费时间满足八卦。"

## 健康的人际网络

与"葡萄藤"相反的是健康的人际网络，它的运作原则是：对一个人有利的东西对所有人都有利。正因为这种积极的导向，健康的人际网络鼓励相互关系和利益互惠，为我们提供了多个杠杆支点，使我们能够扩大与他人的联系和建立自己的技能库，甚至也帮助别人这样做。

健康的人际网拒绝背后诽谤和长期抱怨。相反，我们积极宣扬他人成就以支持其发展，而他们也这样回报我们。我们建议、倡导并采取行动，帮助彼此进步。我们共享资源、关系、想法和解决方案。健康的人际网络将我们嵌入了一个由彼此建立的联盟和各种关系组成的网络，我们在世界上的力量帮助我们同心崛起。

比尔·开利指出，在每个人际网络中，人们都会扮演三种角色之一：贡献者、中立者或威胁者。

- 贡献者总是在为他人寻找机会，积极推荐，提供联系方式，分享资源。
- 中立者是网络的一部分，因为人们要么喜欢他们，要么想和他们的地位联系起来。中立者可能会对他人有所帮助，但他们不会主动出击，当别人接近他们时，他们可能会变得不可用。
- 威胁者关注人际网络的利用价值，将其视为谋取私利的工具，从交换条件的视角来看待贡献。威胁者对群体不太忠诚，他们可能也会随意八卦和交换内部信息，削弱整个人际网络的团结和信任。

在与人际网络打交道几十年之后，比尔发现，人际关系良好的人会通过阻止小道消息滋生和消极情绪发泄来保护自己。他说："任何人际网络都不能完全杜绝私下对话，但不能让这些幕后密谈削弱整个群体。诽谤和说闲话具有腐蚀性，所以强大的人际网络不会容忍那些长期表现出这些行为的人。久而久之，习惯性的利己主义者就会被排斥在外。"

比尔还指出，为了维持健康，人际网络必须找到一种方法来处理发泄和抱怨，因为抱怨会拖垮我们，而不是提升我们。习惯性的抱怨会鼓励消极的心态，也会让事情更难完成。

比尔说："人际网络的作用是提供切实的支持，帮助人们实现他们为自己设定的目标。超过一定限度的发泄会拖垮所有人，所以，一个良好的人际网络会找到办法来处理它的。"

## 从 OBNs 到 ERGs

老男孩网络（OBNs）长期以来一直是帮助男性崛起的工具，它通过提供导师、能见度、信息和支持为校友们铺平道路。OBNs 传统上也作为一种有机的方式服务于组织以识别、审查和提升潜在的领导者，同时定义和捍卫文化的关键方面。OBNs 通过这种方式，为校友们提供了强烈的归属感，也助他们一臂之力。尽管 OBNs 的狭隘性和封闭性很难使其成为健康的网络，但对于在其中运作的人来说，它在历史上一直发挥着重要作用。

OBNs 的缺点一直就是排他性。如果你符合"老男孩"的标准，通常是一个具有特定社会背景、教育背景、人脉或会员关系（有时可以追溯到几代人以前）的男生，那就很棒。但如果你不符合条件——你是女性，非裔美国人，或者属于任何非主导群体或新移民群体——从历史上看，你就不走运了。

OBNs 过去在组织中占据主导地位，定义谁重要、谁不重要，并决定谁可以获得关键资源。在一些公司，OBNs 仍然扮演着这个角色。但随着组织变得越来越多元化，OBNs 越来越被视为有问题的，因为 OBNs 从如此狭窄的人才储备中汲取人才。在过去的几十年里，高效能的组织一直在努力解决这个问题。他们扩大范围去寻找未来的领导者，并为他们提供前进所需的资源和人脉。

结果，一系列替代网络如雨后春笋般出现，并在组织内部蔓延开来。它们可能是非正式的网络，也可能是草根网络，是由那些寻求群体力量的人建立的，他们也想为类似于自己的人铺平道路。或者，它们可以是正式的网络，通常由高管或人力资源部门组织和运营。这些正式的网络往往有明确的目标和目的，比如，解决女性和少数民族的员工流失问题，或者将本组织标榜为包容性组织。

正式网络和非正式网络都可以非常有效，但值得注意的是，最好的正式网络通常具有非正式的特征，反映了其中最活跃者的个性和兴趣，以及他们带来的人脉关系网。

员工资源小组（ERGs）是正式网络的一个重要案例，它有助于为那些过去可能被孤立或排斥的人扩展访问和资源。第一个员工资源小组成立于1970年，当时施乐公司成立了黑人员工核心小组以应对公司内部持续存在的歧视，虽然首席执行官个人致力于公平原则。这样做的目的是为那些没有得到充分认可和服务的员工建立接触和联系的渠道，让他们有更大的发言权和更多的职业支持。

美国电话电报公司（AT&T）和IBM等多元化先锋企业纷纷效仿，将这一趋势扩大到女性和一系列少数族裔等网络。在过去20年里，大大小小的组织都建立了这些网络，通常首先在美国，但越来越多地延伸至世界各地。我的工作让我有了优先的机会去目睹它们的发展。

我看到这些网络从初衷良好、预算微薄、结构松散的边缘聚会演变为真正的权力中心，为那些加入者们提供切实的利益，并吸引高级领导人担任赞助人。我观察到他们已经成为组织提供领导力发展和培训不可或缺的一部分。我看到这些团体摈弃了"葡萄藤"定位。

例如，在20世纪90年代初，我与许多处于测试阶段的女性网络合作。无论是正式的还是非正式的，它们的主要目的似乎是给女性一个安全的谈话场所。由于缺乏结构性，这些网络通常被默认为分享对不公平的哀叹，或对"加油，姑娘！"的笼统肯定的组织。

虽然说，有一个发泄不满的场所确实给了参与者一种归属感，但往往加剧了他们的无力感。此外，这些早期的网络支持通常被定义为简单的倾听、共情和情感支援，而不是采取具体行动来帮助彼此前进。

如今这种情况发生了变化，因为这些内部团体开始适应传统 OBNs 的一些做法，把重点放在同心崛起上，丢弃了精英主义偏见。建立导师圈、将成员与赞助者匹配、共享人脉以及关注领导技能，这些都有助于将许多 ERGs 转变为健康高效的网络。ERGs 的积极影响也被放大了，因为那些受益的人已经晋升到高级职位，并决心"把它传递给"后来者。

当然，内部网络并不总是强大的。在某些情况下，由于官方批准的性质，它们可能过于正式，而经典的 OBNs 一直非常随意。形式和结构会限制个人化学反应的作用，而这种化学反应是成功指导和赞助的关键。或者，这些内部团体可能仍然将"支持"定义为倾听和同情，而不是提供倡导和共享联系。

当这种情况发生时，外部网络可以填补空白。

## 走向外面的世界

这里有一个很好的例子，就是奥罗里姐妹会（Olori Sisterhood），即纽约一个由黑人女性政治活动人员组成的高效网络。这些女性可能是筹款人、游说者、工作人员和公共关系专家，她们对政治充满热情，但更喜欢发挥幕后影响力，而不是自己竞选公职。

奥罗里姐妹会的历史可以追溯到 2009 年，当时美国一群黑人男性政治活动人员在州议会组织了一场战略会议，其中许多人是这些女性的亲密同事，而女性却被明确排除在外。作为回应，一群女性决定举行她们自己的会议，而这些男性立即试图破坏会议。这让她们的会面告吹，但她们决定继续相聚，要么在咖啡店，要么在彼此的家中。

当时，许多女性觉得自己被忽视了，也被困住了。尽管拼命工作，她们的努力也得到了赞扬，但她们的建议往往被忽视，她们很难争取到影响力。在她们的领域里，大多数升职的都是那些声名显赫的男性，这让他们在政治顾问的世界里拥有强大的优势。虽然这些女性也有人脉关系，但她们似乎无法利用这些关系来获得真正的晋升。

从一开始，奥罗里姐妹会既是"葡萄藤"又是人际网，女性们花时间分享职业上的恐怖故事，在情感上帮助彼此度过各种生活危机，包括艰难的怀孕、痛苦的离婚和照顾年迈父母的复杂困境。但她们从一开始就致力于建立自己的个人和集体力量。为此，她们采用了 OBNs 的做法。

例如：

- 当其中一人得到知名政治人物的接见或接受媒体采访时，她会夸赞她的姐妹们的技能。
- 当其中一人找到新工作时，她会争取雇用奥罗里姐妹会的其他成员。
- 当其中一人获得有价值的人脉时，她会与姐妹们分享，而不是小心翼翼地警惕外泄。

- 当其中一人即将参加一场事关重大的会议时，奥罗里姐妹会就会召集一场战略会议来帮助她。

在整个过程中，她们不断地强调，她们的社交网络不仅仅关乎她们自己和她们的职业生涯。奥罗里姐妹会要成为一种资源，帮助黑人女性在谈判桌上获得一席之地，并形成一股广为人知的、不可阻挡的政治力量。

经过十多年激烈的相互倡导和互利共赢，这些女性从地方竞选工作转向领导重要的游说公司，并为国民候选人担任受欢迎的政治顾问，这使她们能够在更大的舞台上产生影响。当她们发言时，有抱负的候选人会倾听。当她们面临批评时，总会有人站出来为她们说话。

男性同事也不再把她们排除在会议之外。


## 互惠共赢

奥罗里姐妹会建立了自己的健康网络。此外，加入一个已经建立起来的网络，也可以促进我们的职业发展，同时让我们有机会造福他人。埃迪·特纳（Eddie Turner）是一位励志演说家、高管教练，也是全球人力资源公司 Linkage 的顾问，他就是一个很好的例子。

埃迪的职业生涯始于 IT 行业，他曾加入芝加哥的一家大公司。 当时互联网刚刚兴起，任何了解互联网工作原理的人都被认为是不寻常的，但也是必要的。他说："在早期，雇主看重的不是有关 IT 的学位，而是证书，我很快就拿到了证书。我有真正的技能，并努力超越我的同龄人，因为我的父母向我灌输，作为一个黑人，如果我想有机会，我就必须成为最优秀的人。没过多久，我就开始主持高层会议，每个人都在说我多有价值。"

然而，埃迪不仅渴望变得卓越，而且渴望担任领导。"这是因为我知道我身后的很多人都没有机会。我相信，如果我有成为领导的抱负，我就应该努力。所以我开始争取一份能让我走上领导道路的工作。但我总是得到同样的回答：虽然我有技能和经验，但除非我拿到学位，否则什么好事儿都不会发生。"

埃迪申请了几所芝加哥地区的大学，他的潜在选择依据是方便和负担得起。"当我告诉老板我在做什么时，他给了我人生中最好的一些建议。他说：'你上学是为了接受教育，但你也是为了建立一个网络。这同样重要。你在芝加哥，这意味着你应去西北大学。'"

埃迪照做了。拿到学位后，他又开始争取一份可以让他担任领导职务的工作。令他吃惊的是，他继续遭到拒绝。"以前，我总是被告知我有经验，但没有学位。现在我有了学位，却被告知我没有经验。这让人感觉很不公平。我很难平复沮丧的心情。但我得到的回复很清楚地告诉我，如果我想提升自己，充分检验自己的潜能，我需要另找一家雇主。"

埃迪认为最好的开始方式就是参加西北大学为本校毕业生提供的定期社交网络活动。他不仅参加，还积极主动地参与运营，处理 IT，建议话题，招募校友。按照比尔·开利的定义，他成了一位贡献者。

他的努力引起了团队中一名参与者的注意。"在一次交流会结束后，一个名叫鲍勃·迪恩（Bob Dean）的人走上前来，提出做我的导师。原来，他是猎头公司海德思哲（Heidrick & Struggles）的高级副总裁，所以他认识很多人。他对我说：'白发老翁鲍勃将为你敞开大门。'事情就是这样。他能接触到有权有势的人，他推荐了我，为我担保，还成为我的拥护者。他帮助我建立了自立所需的人脉。"

尽管埃迪的西北大学学位没有让他如愿以偿地升职，但它最终给了他更重要的东西：他需要的人脉网络，让他把自己定位成潜在的领导者。这也给了他一个社交导向，改变了他对有效追求自己目标的理解。

埃迪说："那次经历告诉我，你的人脉是你最重要的资产，也是世人如何看待你的关键元素。所以，无论我在做什么，我都在继续建立和扩大人脉。现在，我是国家演讲者协会、美国培训与发展协会、国际教练联合会和百位教练网的成员。"

和西北大学的校友组织一样，埃迪并不只是简单地加入。"我会考虑如何发挥积极的作用。我自愿主持会议。我确定我想更好地了解的人，并与他们一对一地跟进。我一定要问问我怎样才能帮助他们。所以现在我有了这个庞大的、丰富的、多元化的、不断扩展的网络，它帮助了我和所有与我有联系的人。社交媒体只会让这个网络更加强大。这也让我们更容易保持联系。"

埃迪珍视他的人际关系网，因为这让他专注于积极的方面。他说："我避免人们通过抱怨或谈论他们感到多么无力来寻找共同点的谈话。"他描述了典型的"葡萄藤"导向。"我认为这是适得其反的，因为'葡萄藤'会削弱你的动机。根据我的经验，强烈的动机与追求卓越的承诺是相辅相成的。保持积极的心态是至关重要的。"

埃迪指出，每当他忍不住抱怨不公平的情况时，他就会想到美国棒球运动员杰基·罗宾森（Jackie Robinson）这样的人。"我知道我从来没有经历过他和他那个时代的人所经历的事情，所以他们的故事让我振奋。他们有如此大的勇气。他们鼓励我这样的人一路走到今天。此外，当你走在路上的时候，你看不到这条路对你的影响，所以你永远不知道什么时候你的热情可能会帮助到别人。这就是为什么在社交网络中保持活跃如此重要。团结起来，大家的生活就会变得更好。"

## 知识型明星的魅力

埃迪意识到，无论他多么努力工作，他都不可能闯入他原来雇主的OBNs。走出公司去建立自己的人际关系网让他的职业生涯有了转机。当我们发现自己被排除在外时，这是迄今为止最有效的方法。这样做还有其他好处。例如，建立我们的外部网络可以帮助我们做出更好的职业决策，了解我们自己的优势。这是因为加入社交网络能拓宽我们的视野，不仅让我们看到自己可能得到的东西，还能提升我们对现状的认知度。这是哈佛商学院教授鲍里斯·格罗伊斯伯格（Boris Groysberg）关于个人才华和组织文化之间关系的研究《追星记》（Chasing Stars）中的一个意外结论。

格罗伊斯伯格想要验证一个广为接受的观点，即个人才能是知识型企业成功的主要决定因素。他为此对华尔街分析师进行了为期 8 年的深入研究。华尔街分析师是顶级知识型工作者的典型例子。这项研究清楚地表明，与许多知识型明星一样，这些分析师经常高估自己的价值。他们还低估了他们的组织在提供支持其绩效的平台方面所发挥的作用。由于这种错位的强调，这些高绩效者认为，他们的技能比实际情况更容易在变更工作时成功转移。而事实上，格罗伊斯伯格发现，当大多数明星分析师离开他们曾经辉煌的公司时，他们的业绩会急剧下降。

在分析了大量的数据后，格罗伊斯伯格惊讶地发现了一个例外。实际上，女性分析师跳槽后，业绩更有可能提升，而不是下降。由于格罗伊斯伯格的定量研究无法解释这一异常现象，他开始采访女性分析师以了解这一现象产生的原因。

他发现了几个原因。

首先，女性分析师往往比男性分析师拥有更强大的外部网络，这通常是因为她们被排除在公司内部的 OBNs 之外。这些外部网络在她们过渡到新职位时提供了必要的支持，而男性分析师的 OBNs 在他们离开公司后就不再适用了。其次，女性分析师的体验（尤其是看到优秀的女性同事因为被排除在外而半途而废）使她们更加怀疑仅凭个人才华就足以解释出众表现的观点。这让她们更加勤奋地分析任何潜在的变动，看看是否能提供良好的文化契合度。最后，女性分析师倾向于利用她们的人际网络来帮助她们决定是否应该跳槽：新工作是否适合她们的技能，公司是否是她们喜欢工作的那种地方，以及她们的新职位是否能让她们过上可持续的、有回报的生活。

相比之下，格罗伊斯伯格研究中的男性分析师最有可能仅仅因为薪水和奖金而决定跳槽。对他们来说，不幸的是，将加薪视为"明摆着的事情"，往往会削弱他们在分析师市场上的价值。因为他们没有认识到使他们成功的组织倾注在他们身上的资源，他们忽视了他们以前的公司在多大程度上使他们得以蓬勃发展。

因此，在这些明星分析师中，进入公司内部 OBNs 往往被证明是一种劣势，至少对那些最终将自己的才能带到其他地方的人来说是如此。更有用的是采用 OBNs 做法的外部网络。

## 人际网络策略

把时间浪费在"回音室"和"葡萄藤"中，会让我们不假思索地忽略那些我们认为"不像我们"的人。这是否意味着我们应该避免与那些向我们分享经验的人交往？绝不！这样的团体可为我们提供各种支持，增强我们的信心，加深我们的联系感，扩大我们的资源，加强我们的韧性。它们还可以教我们如何在网络中行事，支持我们在战术和战略上的相互交流实践。

当这些群体抑制而不是维护我们与圈外人士建立牢固关系的能力时，问题就出现了。我们主要与那些我们认为与自己相似的人交往，从而缩小了自己的参照系。由于我们默认了自己的舒适区，便更难跨越性别、文化、种族和等级地位的界限进行联系。我们可能会失去对风险的承受能力。

我已故的朋友兼同事、多元化先驱罗斯福·托马斯（Roosevelt Thomas）谈到了参照群体在帮助我们规划我们在世界上的位置方面发挥的关键作用。他观察到，主导权力结构之外的人往往在这样的群体中最自在，他简单地将其定义为与我们分享经验和认同我们的一群人。

罗斯福指出，只依附于我们的参照群体会影响我们的行为，从而削弱我们的成长能力。

例如，我们可能会对群体中的八卦或消极情绪感到不舒服，但如果我们试图将谈话转向积极的轨道，又担心会显得不忠诚。所以，我们最终会做出愤世嫉俗的评论，试图融入其中。或者，我们可能会失去与那些我们认为不同的人建立联系的能力，变得尴尬、难为情，不知道说什么，因为我们的参照群体很容易让我们默认自己的舒适区。

为了避免这个陷阱，请扪心自问，我们的参照群体是通过"葡萄藤"还是网络来运作的？如果我们的参与触发了某种情绪，加强了我们与群体之外的人的分离感，我们可能已经坠入了"葡萄藤"陷阱。如果我们的参与引发了某种情绪，让我们感到与更广阔的世界相连，并拥有安全的立足点和前进的方向，我们就可以确信，我们的参照群体是一个健康的网络。


## 坚守信念

"葡萄藤"滋生的基础是定义"谁进谁出"。我们分享的故事和信息相当于我们做交易的货币，是我们价值的证明和衡量标准。在网络中，我们的价值在于我们有能力建立有益于他人和自己的关系。但要有效地做到这一点，我们需要相信我们可以提供一些东西。这就是为什么健康的人际网络需要自信，同时也能帮助我们建立自信。

但如果我们没有那么自信呢？如果我们相信网络中的其他人比我们提供的更多呢？如果我们不确定自己是否真正融

入其中呢?

这种恐惧很常见,尤其在我们突然发现自己置身于一个网络中,这个网络扩展了我们的潜力,使我们跨越一系列的边界进行联系,或者要求我们拓宽对自己的理解的时候。有很多方法可以解决这种缺乏安全感的触因。例如,我们可能想要争取一个特定的盟友来帮助我们开好局。但我想分享一个简单的方法,它对我来说非常有效。

1995 年,马歇尔·古德史密斯邀请我加入学习网(TLN),这是一个由领导力领域的作家、演说家和顾问组成的小团体。因为我们大多数人都独自工作,常常身在旅途,没有机会见到很多同人,所以马歇尔认为,把我们一群同道之人聚集在一起,提供一个核心的支持性人脉网会很有帮助。

我喜欢这个主意。我曾与世界各地有抱负的女性领导者共事,我觉得这份工作非常令人满意,但也感到相当孤独。我经常羡慕客户公司里的女员工,她们每天都在一起工作,而我却总是飞来飞去,来也匆匆,去也匆匆。我上一秒获得了美妙的、鼓舞人心的经历和响应,但下一秒就去参加下一个活动了。我有很多朋友,但我认识的人几乎没有一个和我做同样的事,或者有着和我一样高度独立的生活方式。

我渴望参与,经常出席 TLN 聚会。然而,我很难相信我真的属于这里。问题是,我对许多成员感到害怕,他们大多数是男性,其中许多是拥有巨大声誉的超级明星。这些人都很有名,受到热烈追捧,获得了惊人的回报,他们在重大会议上是指挥中心，而我则在这些会议上实现了一些小小的突破。当时，女性的领导力还远不是一个热门话题，所以我努力争取能见度，薪水也不是特别高。现在，突然和许多大人物在一起，我觉得自己做什么都"慢半拍"。

马歇尔一直说我们团体的目的是"互相帮助，让我们的生活更美好"。这意味着某种程度上的相互性，是网络的基本原则。但是，虽然我清楚地看到，我可以从 TLN 的大多数人身上获益，但我相信，我没有什么可以提供给这些大多非常成功的男人。结果，我把大部分时间都花在了和其他几个女人交往上。在不知情的情况下，我把一个原本应该是稳固而强大的网络变成了另一个单一性别的参照群体。

一天晚上，马歇尔在圣地亚哥郊外的家里为我们举办了一个聚会。像往常一样，我和其中的几个女人坐在一起，享受她们的陪伴，待在我的舒适区。期间，我注意到我不敢接近的四位男士正在热烈地交谈。他们看起来玩得很开心，我希望他们能邀请我加入，等待他们中有人迈出第一步来邀请我，就好像这是一场高中舞会。

然后，我们团体中的一位女性开始谈论我的工作对她有多么重要，因为我对女性优势和贡献的关注让她对自己更有信心。突然间，我意识到我所推销的不仅仅是我自己，还有我所信仰的工作。我沉溺于自己的不安全感，执着于自己不那么优秀的形象，这是在贬低我对这个世界的贡献。

是时候冒险了。

我站起来，穿过房间，和那四个男人站在一起，我一直被动地希望他们能邀请我加入他们。我什么也没说，他们都在全神贯注地来回絮叨。我只是站在那里。我认为，这就是我当时要做的事情。能和大人物站在一起就足够了。

他们并不怎么搭理我，但他们似乎也没有被激怒或被冒犯的迹象。他们只是在做自己的事，玩得很开心。我保持我的站姿。我并不认为不能立即参与他们的谈话就意味着他们认为我不配。我没有偷偷溜走。我试着通过刷存在感来传达我属于他们的信息，我要成为他们中的一员。

最后，他们中有一个人问了我一个问题，我们开始交谈。其他人也加入进来，谈话变得热烈起来。我感到了一种强烈的成就感：我已经从"游走在网络的边缘"，升级为"辗转到网络的中心"。我已经准备好成为这个整体的一部分。

在那一刻，这个网络成了我的参照群体，扩展了我对于谁算是"与我相似"的认识。我放下了自我意识，容忍了风险必然带来的不适，与那些被我视为异类的人站在了一起。我通过自己的努力获得了更广阔的空间，可以想象自己如何为这个群体做出贡献，以及我该如何寻求帮助。

随着时间的推移，我在这两个方面都变得娴熟起来。

# 第八章

---

# 触因 7：这个笑话不好笑

我们同心崛起，因为我们恰到好处地使用了幽默

在我职业生涯的早期，我曾为十几个高管写过演讲稿，他们都是男性。我很快就记不清有多少次半夜在酒店房间里接到某位焦虑不安的老板打来的电话，他计划第二天做演讲。"明早之前你能给我找几个有趣的、关于高尔夫球的笑话吗？"

在互联网出现之前，这是一项艰巨的任务。我很快开始随身携带笑话清单。

当时，我不知道哪里有这样的规定：男性高管在演讲前，甚至在简短发言前，都必须先讲个笑话。我为之撰写文章的那些人似乎都认为，以几句俏皮话开头是一种信仰，无论这些俏皮话存在多么明显的编造痕迹、讲得多么匆忙或离题多远，都会让他们展现出自己的个性，从而为他们赢得特权，让他们随心所欲地无聊下去。在这方面，他们中的大多数人都是"大师"。在他们的演讲中，大量的数据被投射到

屏幕上，他们经常盯着屏幕看，有时甚至背对着观众。

观众们会翻白眼，等着演讲结束，但也挺礼貌，还会假装被蹩脚的笑话逗乐。这当然让我非常恼火，因为演讲者不可避免地把观众的假笑解释为他的技巧奏效的证据。这意味着他会坚持用更多预先包装好的笑话来开始下一次演讲。

人们事后会过来向我表示同情。"我猜那些笑话是你替他挖出来的吧？"或者他们会哀叹："嗯，那是折磨。难道他以为我们没有听说过温水煮青蛙的故事吗？"或者他们简单地说："需要有人让他知道他不会讲笑话！"

我总是心中默默回答："为什么你不说呢？"

当然，从来没有人这样做过。当讲笑话的人身居高位时，人们通常会假装捧腹大笑，这就导致我们所有人都将继续受到陈腐的搞笑待遇。这在整个过程中构成了一个小烦恼，但很多男人都有想要变得有趣的冲动——一旦他们认为自己成功了，就会迅速回到正题——这体现了幽默在工作场所中如何成为一个触发因素的象征。


## "幽默"是一种触因

从我做演讲撰稿人到现在，时代已经发生了变化。当时，"高管"是"男性高管"的简称，助理有时在报纸的分类广告中被称为"全能女性"。随着工作场所变得更加平等，曾经被忽视的言辞（比如，"宝贝儿，你能帮我把这个打印出来吗？"）已经变得有性别歧视和越界嫌疑。在这个过程中，幽默变得复杂起来。轻率的轻浮之举会使整个房间的氛围变得冰冷。一句考虑不周的俏皮话可能毁掉一场会议或一个人的名声。

在这样一个敏感的环境中驾驭潜在的"幽默"触因，需要技巧和刻意为之。我们需要考虑我们要说的话的潜在的细微差别，并理解我们的俏皮话如何被具有不同背景和经历的人理解。不幸的是，这种程度的盘算可能很难与幽默的随意性和自发性相调谐。

在过去，男性（通常来自相似的文化背景）主导着工作场所，幽默所扮演的角色没有那么具有争议性。男人常常因为被视为有趣而获得巨大的回报。"他是一个很棒的家伙，你会喜欢他的，真的很有幽默感"是大家认可的评价。有不错的笑话储备（而不是依靠演讲稿撰写人去挖掘）是让其他人知道你有幽默感最简单的方法。笑话还提供了关系的日常交往货币，表示对企业文化的熟悉。"你听说过关于……故事吗？"这是拉近关系的好方法。

相比之下，今天的许多笑话已经变得有问题了，它们可以作为导火索，或者用来区分谁明白文化和规则正在变化以及谁不明白："我不敢相信他会讲那个笑话。他有没有费心去看看房间里都有谁？显然，他就是无法感悟。"

这种尴尬的状态会让一些男人怀念过去，那时幽默就是幽默，他们不必仔细审查每一句俏皮话。这反过来可以延伸到对职场新人（尤其是女性和少数族裔）缺乏幽默感的指责，或者让人相信，当下的职场环境已经有效禁止了幽默的介入。

## 这种事开不得玩笑

在考虑幽默的触发影响时，需要区分一下幽默和笑话。笑话通常面临着双重问题。

首先，笑话本质上是越界的。也就是说，它们之所以有趣，正是因为它们以一种新鲜而又常常令人发指的方式将两种对立的解释并置或混淆在一起。它们越是出乎意料，就越有趣，因此它们依赖于一定程度的震撼效果。某些已经过气或尚未蹿红的喜剧演员，在电台谈话节目中滔滔不绝地发表自己的观点，后来被称为"口无遮拦主播"，这并非巧合。他们中的许多人之所以成名，是因为他们把炮火对准了他们眼中过于自负、不受限制的女性。

正如那些擅于制造震撼的节目主持人所熟知的那样，笑话经常会挖掘关于种族和性别的刻板印象，为了达到效果而颠覆或夸大这类内容。这就是为什么这么多笑话都有冒犯性（有些温和，有些意味深长），被认为不适合"男女混搭"的环境。由于现在的公司确实是男女混搭，在工作中、在政治中、在整个公共领域都是这样。对于任何寻求保持职业声誉的人来说，很大一部分的笑话都不在当下的讨论范围之内。

笑话很难处理，因为它们的"戏剧性"来自刻板印象和意外感同时存在所产生的效果。即使我以前讨厌的那些高尔夫球笑话也是如此。

哈里和他的伙伴们打进了18个洞后回到了家。

他的妻子问："今天怎么样？"

"一切很好，直到第三个洞。然后，查理的心脏病发作了。"

"哦，不！可怜的查理。太糟糕了！"

"是呀。接下来的15洞，'击球、带球'变成了'击球、带查理'。真是太糟糕了。"

这篇演讲稿将两种截然不同的"糟糕"定义混为一谈。幽默之处在于它如何颠覆了人们的期望。这种刻板印象是微不足道的、良性的（有同情心的妻子，痴迷打高尔夫球的丈夫）。尽管这个笑话温和却明显愚蠢，但它已不再是会议开场时用来开玩笑的笑话了。

这并不是冒犯，但也不合适。房间里可能有人患有心脏病。某人的丈夫上周可能也心脏病发作了。所以这不是开玩笑的事。此外，公司的文化背景可能会被视为居高临下，或者根本无法让身处不同领域的员工理解。

我们需要保持敏感，所以，想要成为幽默大师，只能寻找那些真正有趣但在任何情况下都不会冒犯任何人的笑话。

那就祝你好运！

除了依赖刻板印象和并置技巧，笑话也会让人感觉带有微妙的攻击性，因为它们实际上是在宣布："现在，我很有趣。"这就产生了一种期望，甚至是一种要求，即其他人会被逗笑，不管这些人是否认为这真的很有趣。如上所述，如果讲笑话的人身居要职，所有的听众可能都会咯咯地笑，不管笑得多么生硬。但如果没有权力差异在起作用，听众可能会拒绝让这位有抱负的幽默大师来定义什么是搞笑。

讲笑话的人可能会把这种拒绝当作是嫌弃，如果他非常看重自己的风趣，那就更会如此了。受挫后，他可能会再试一次。

"你不喜欢那个笑话？那么，这个笑话怎么样？"

没有人笑。

"这个笑话怎么样？"

依然没有人笑。

"你们都需要放轻松。"

> **小贴士** 如果我们告诉别人，他们缺乏幽默感或需要放轻松，我们可能需要重新思考我们对待幽默的方式。很简单，这表明我们的幽默方式无法帮我们与他人建立联系。或者说，这是无法逗人发笑的。

同样，如果我们对第三方说："如果我冒犯了她，我很抱歉。可惜她开不了玩笑。"我们需要接受这样的可能性，即我们对有趣的定义是有问题的。我们试图引起笑声的努力可能会被认为是在操纵别人，或者与观众或当时的情况不同步。这让我们与生动且迷人的良好幽默精神格格不入。

## 传统的职场幽默

当生活相似的男性聚集在一张会议桌旁时，似乎没有必要去思考是否有人会对这样或那样的俏皮话皱眉。房间里的每个人都习惯了随大流，所以没有人想要生气。

让我们明确一点，不只是男性在扮演潜在娱乐者角色时，会有可能走歪路。我见过一些女人用不合时宜的俏皮话和讽刺语把男人描绘成"愚蠢、自私、无法倾听或过于迟钝而无法建立直觉联系"。试图把喜剧演员萨拉·丝沃曼（Sarah Silverman）的精神带进会议室的举动，鲜有成功的。

针对 Z 世代、X 世代、Y 世代或总是爱笑的婴儿潮一代的代际幽默尝试，也经常以失败告终，它们表现出令人怀疑的品位，引发了不满情绪。正如第六章所指出的，没有人喜欢被定型或被归类，这是对我们个性的冒犯。因此，虽然脱口秀演员（他们的工作是引发注意）对年龄问题的轻率概括可能会成为重头戏，但在工作场所，这些言论可能会被解读为令人难堪的行为，以至于制造分裂，支持"你我为敌"的文化。

当然，无休止地试图评估什么是可接受的、什么是不可接受的，可能会让人筋疲力尽。结果是，某些有幽默感的人发现，不去纠结那些事儿会更舒适。

汤姆·彼得斯说："我说话时已经减少了俏皮话。"自1982年出版标志性畅销书《追求卓越》（*In Search of Excellence*）以来，彼得斯一直在为世界各地的观众演讲，他一直以幽默著称。"我觉得，这些天我越发无趣了，搞笑的很多方式都会冒犯到别人。世界上有很多急躁的人，仅凭一种感知或一句话就做出判断。这可能是一个雷区，所以最好避开它。"

## 改造幽默

上述的所有现象似乎都表明，职场幽默正成为一种濒危技能。鉴于这具有一定的真实性，我们需要发起一项救援任务。在最好的情况下，幽默可以打破房间里的紧张气氛，加深队友之间的联系，吸引观众，达成交易，或者只是让日常工作更愉快。幽默还能让我们自发行事和释放压力，尤其是在高压环境中。幽默给了我们一种展示自信和热情的方式。

综上所述，幽默的价值不容忽视。

"同心崛起"取决于恰到好处的幽默。正是因为幽默可以作为团结和分裂的一种强大手段，我们都可以受益于使用幽默把人们团结在一起。如何操作呢？

几十年来，我一直在努力解决这个问题，最初是作为演讲稿撰写人，后来成为作家、专业演说家和领导力教练。我目睹有才华的高管在搞笑方面遭遇失败，我与演讲大师讨论细微之处，我采访那些帮助客户更有效地运用幽默的教练。下面是一些关于如何在不同类型的工作场所中完成"改造幽默"这一重要任务的想法。

## 自我意识和情境意识

在敏感的环境中使用恰到好处的幽默，需要我们同时具备自我意识和情境意识。

自我意识可帮助我们理解为什么自己想在特定的时间讲述特定的故事。仅仅是为了搞笑吗？还是说我们也想表达一个观点？也许我们是想给房间里的某个人加分；也许我们是在试图掩盖怨恨，或是用一种在我们看来很微妙的挖苦来挫某人的傲气；也许我们是真心想化解紧张局势。

不管我们的动机是什么，只要花一分钟思考一个问题：我这么说的目的是什么？这样可以帮助我们规避很多幽默陷阱。

情境意识也是关键。只要我们扪心自问，现在是不是我们发表幽默言论的时间和地点。我们还得考虑到，一个让我们感到有趣的幽默言论，可能会使我们与生活经历和教养不同的人产生共鸣。

我与休斯敦的一家能源公司一起工作，这家公司试图将女性和有色人种融入一个非常传统的工程文化中，而这里几乎全是男性和白人。首席执行官（我叫他理查德）是个很棒的人，深受各级员工的喜爱。最近，他对一个习惯于诋毁女性工程师的销售主管的处理方式表明，他是真心想让自己的公司变得更好。

理查德告诉那个销售主管，他需要改变自己的语气，但那家伙拒绝了。"我是你们的最优秀的生产者，所以，我不需要改变自己的风格，"他说，"我就是我，我看到什么就说什么。"

理查德当场解雇了他。

我通常和理查德在会议室见面。但有一天早上，他邀请我去了他的办公室。当我在他那张巨大的桌子前坐下时，我注意到一个小牌子正对着我和其他每一位来访者。上面用大号字体写着：要么简洁，要么精彩，要么走人。

这个座右铭与我一直共事的"理查德"并不相符。所以，我拿起牌子，把它转向他的方向。"这里有什么故事吗？"我问。

理查德茫然地看着它。"哦，我都忘了这牌子还在这里。有人开玩笑送给我的。我觉得这很有趣。"

我说："我知道我们合作的目的是在贵公司建立一种更具包容性的文化。我想知道这个小牌子是如何支持这一目标的。"

理查德耸了耸肩。"从来没有人抱怨过这个小东西。"

"好吧，"我说，"既然你是老板，他们不太可能会当面抱怨。但这个小牌子很吓人。我的意思是，你是不是期待每一个走进你办公室大门的人都才华横溢？实际上，你是不是在告诉他们，如果他们不聪明，那就走人吧？"

我把牌子递给了他，他把牌子扔进了废纸篓。

"我想，我当时没这么想。"他说。

他说得对。在那种情况下，理查德缺乏情境意识。


## 内在型幽默

情境意识也是运用内在型幽默的关键，这种幽默依赖于那些当时让我们觉得可笑的细节，而不是依靠笑话或事先准备好的俏皮话。这对女性来说是一条特别有用的前进之路，因为相关研究表明，会尖锐点评的女性通常会被贴上刻薄的标签。相反，如果你注意到情境中的不协调的地方，并以一种引起惊讶的方式进行特写，就可以非常有效地把人们聚在一起，同时也缓和了气氛。

内在机智或情境智慧可能会非常微妙，可以通过一个手势和一个词来传达。美国首位女性国务卿马德琳·奥尔布赖特（Madeleine Albright）就非常从容地证明了这一点。在她担任美国最高外交官两年后，联邦调查局（FBI）逮捕了一名某国情报人员。

第二天上午，国务卿奥尔布赖特与该国外交部长会晤。她需要让他知道，泄密行为是不被容忍的。她苦思冥想了很久，不知该说些什么，最后决定采用一种间接但非常有效的方法。

国务卿奥尔布赖特以热衷收藏大量徽章而闻名，她把这些徽章别在外套的翻领和连衣裙上，以此表示效忠、纪念或对会议发表含蓄的评论。为了这个场合，她把手伸进她那巨大的首饰盒里，选了一个由黄金、缟玛瑙、紫水晶和小钻石制成的硕大无比、无可挑剔的虫子形状的徽章。

当她走进某国外长等候会晤的房间时，她看了看对方的外套，然后用凌厉而直接的眼神瞥了一眼自己的外套。那枚硕大的徽章清楚地传达了她的信息："我们清楚地知道你在做什么。"

当她抬起头时，那个外交部长轻声笑了笑，并点了点头，表示他明白了。然后，他们进行了富有成效的讨论。

## 分隔型幽默

内在型幽默依赖于我们的意识。这种幽默不公开我们的意图，而是让对方根据我们手边的情景汲取灵感。这与传统上在组织中使用的更为分隔和刻意的幽默形式形成了鲜明的对比。

分隔型幽默是有意使用的，通常在一席话的开始或结束，但也可以是临时插入的，旨在提供一个小插曲。关键在于这是插入式的，而不是像内在型幽默那样呈现出来的。这意味着，分隔型幽默通常需要一个句式框架。诸如，用"你听说过关于……的笑话吗？"或"我在来这里的路上遇到了一件有趣的事……"之类的句式发出了一个明确的信号：现在我要搞笑了。

分隔型幽默的使用如果失败了，就会显得既俗套又离题（"他为什么要用这个浪费我们的时间"）。内在型幽默的使用如果失败了，往往会使人困惑（"我不确定我是否理解了它的含义"）。分隔型幽默主要是作为一种展示讲故事者（或试图讲故事的人）技巧的手段。内在型幽默则基于引起注意的偶然性建立了一种联系。

考虑到这些差异，男性往往会因为巧妙地运用分隔型幽默而获得奖励，他们往往会因为幽默的发起而对自己评价很高，这也就不足为奇了。相比之下，女性往往在欣赏幽默方面给自己打更高的分。内在型幽默必须表现出来才能被欣赏。

当然，认为女性更喜欢内在型幽默而男性更喜欢分隔型幽默是一种刻板印象。并不是所有女性都使用内在的机智，也不是所有的男人都把他们的搞笑尝试进行分段。而且，我们会随着时间的推移而进化。20年前，喜剧界普遍认为"女性无法在脱口秀上取得成功"。女性在舞台或银幕上扮演角色可能会非常幽默，因为幽默来自语境。在喜剧俱乐部里，男性掌控着舞台，接受起哄行为。这种情况现在已经改变了，近年来，女明星们使用社交平台来测试自己的表演，并建立自己的粉丝群。

理解内在型幽默和分隔型幽默之间的差异，可以帮助我们更熟练地利用幽默为自己服务。认真对待与女性建立联系的男性可以从中受益，因为他们认识到，女性可能会把笑话视为疏远或炫耀的工具，而不是聪明的破冰方式：看看我，你不觉得我很有趣吗？

## 脆弱型幽默

内在型幽默更容易引起认可的笑声（"我也是这样！"），而不是赞赏的笑声（"那家伙真有趣！"）。因此，内在型幽默更可能是自嘲，舒适地展示了自己脆弱的一面。

《玩幽默，我们是认真的》（*Humor, Seriously*）一书的合著者内奥米·巴格多纳斯（Naomi Bagdonas）和珍妮弗·阿科尔（Jennifer Aaker）分享了一个很好的例子，这是基于她们在斯坦福商学院教授的一门课程。

新冠疫情暴发不久，一位首席执行官与他的高管团队举行了首次线上会议。人们感到疲惫和害怕，情况很紧张。首席执行官把公司情况讲了一遍，分享了几张幻灯片，然后把会议交给了一位同事主持，同时开着屏幕共享。大家都以为他只是忘记关了。但随后出现在每个人屏幕上的场景是，他们的老板打开谷歌，在搜索栏中输入"领导者在困难时期说的鼓舞人心的话"。

大家都笑了。这位首席执行官不仅成功地在一个前所未有的困境下取笑了自己的不安全感，而且解决了一个没有人确切知道如何应对的现实。就像马德琳·奥尔布赖特一样，她一句话也没说就达到了目的。

自嘲式幽默非常有效，因为它展示了自己的脆弱（就像首席执行官说"看，我也不知道我现在应该做什么"）。与此同时，自嘲也是一种强大而微妙的幽默方式，它表明你足够自信，不惧将自己脆弱的一面暴露无遗。

但自嘲式幽默也有一个警告。

当你处于相对权威的位置时，自嘲式幽默最有效。你的权力越大，就越容易通过自嘲来引起哄堂大笑。这就是为什么那些特别有权势的人自嘲的例子会伴随我们几十年，并成为传奇。

肯尼迪总统结束了法国之行，他的妻子在法国的魅力让所有人都为之折服。肯尼迪总统在接下来的新闻发布会上说了一句著名的开场白："请允许我介绍一下我自己。我就是那个陪伴杰奎琳·肯尼迪女士去巴黎的男人。"

罗纳德·里根（Ronald Reagan）因其自由放任的管理风格而受到了猛烈批评，一年后，他走上了华盛顿记者招待会的讲台，亲切地说："努力工作不会导致死亡，但我何必要拿命去验证呢？"这种程度的自嘲暴露了极度的自信。它传递了一个信息：嘿，我很自在做个普通人。

但如果你是职位较低的人，或者是房间里为数不多的女性之一，自嘲可能会变得更加棘手。在这种情况下，自嘲会表现为缺乏自信，或者试图让别人注意到你的无能为力。

例如，我记得在一次大型会议上，一位初级女员工出于某种原因选择穿人字拖。当她应邀发言时，她在走上讲台的途中被绊倒了两次。穿着这双鞋，跌倒也不奇怪。当她站在舞台中央时，她咯咯地笑着说："相信总有一天我会雄起！"

有人轻声嘀咕着回应："但愿吧。"

## 跑题型幽默

当然，拯救幽默的责任并不仅仅落在那些想成为幽默家的人身上。我们如何回应他人试图缓解情绪或注入轻松情绪的努力起着重要作用。但这也可能会很棘手。在今天这个敏感的环境中，我们很难区分"尽管出现差错但仍然是真诚的幽默"和"利用机智表达敌意"。即使我们可以区分，我们也可能不确定该怎么做。

我们可以先明确什么是不可接受的。关于种族、民族和同性恋的笑话，总是试图模仿他人的口音，或者拿别人的名字开玩笑，永远都不应该出现在工作场所。性暗示或那种试图以开玩笑为借口的骚扰也不行。

但是，划清红线并杜绝这些做法，并不仅仅是人力资源的工作。团队领导也需要设定一些界限，通常情况下，最好在积极的环境中设限。

例如，在项目开始时："能够一起欢笑是我们接下来几个月迎接好日子或坏日子的好办法。这就是为什么我们可以从一些指导方针中受益。这里有三件简单的事情是行不通的。还有人有其他建议吗？"

作为个人，我们也需要让人们知道我们觉得他们越界了。如果这是一个明显过分的笑话，比如一个关于种族主义的笑话，我们需要当场回应，并且尽可能直截了当。例如，"我觉得你刚才说的话令人无法接受，有失身份，而且一点也不好笑。请不要在我面前那样说话。"这种坚定的回应会帮助你和你周围的人有效应对刚刚发生的事情。而且，除非这个想要开玩笑的人完全深陷其中，否则这会帮助他改正自己的行为。

我们也有必要认识到，有些幽默显得很愚蠢，或者触霉头，因为矫枉过正的可能性总是存在的。把幽默失误当成是一种悬而不决的冒犯，会制造紧张气氛，破坏同事间的合作，而且可能是不公平的。正如汤姆·彼得斯观察的那样："当我们不断地寻找任何可能冒犯我们的东西时，我们倾向于退缩，我们周围的人也是如此。这破坏了参与、创造和合作所依赖的自由精神。"

这通常是应对不当幽默的一种绝佳做法，但如果我们假设对方的行为是出于积极的意图，那么我们便可以巧妙地做到这一点。在办公桌上放了"要么简洁，要么精彩，要么走人"小牌子的理查德显然是一个善意的人，所以，我简单地指出别人可能会如何看待这个牌子是正确的策略。善良的好人和优秀的领导者通常很好奇他们关于幽默的尝试是否会传递出意想不到的信息。

正如莫莉建议的那样，巧妙地表达需要一种更柔和的方式。莫莉指出，立刻坚决地说"这一点都不好笑"或者"我觉得你说的话冒犯了我"可以作为一种声明来阻止讨论继续进行。因此，这样的回答很可能引起一种中性的反应，即对方耸耸肩说"对不起"，或者一种防御性的反驳："你缺乏幽默感不是我的错。"两者都不能提供双方进一步了解的桥梁。所以，把火炮留给真正令人反感的情况再用吧。

对于较小的违规，莫莉建议我们把反击作为一种参与方式。例如："对我来说，你今天早上说的话不合适。我告诉你这些是因为我知道你是个好人，不想让别人不舒服。你是怎么想的？"

正如莫莉所指出的，这种策略之所以成功，有几个原因。你不是在进行描述，只是在分享你的感受，这就为其他的解释留下了空间。同时，你也在含蓄地邀请其他人参与解决这个问题。

我们决定不对某个出错的俏皮话提供反馈，是因为我们想要避免在我们看来对方在搞笑方面做得不够好而摒弃他或她。我们都会误算、误判我们的受众，或者干脆把事情搞砸。我们都会说一些希望能收回的话。因此，基于一句错话或看法来判断一个人是不现实的，通常也是不公平的。

一位演员临终前说过一句话："死很容易，喜剧很难。"

## 当我们失败时

有时我们会意识到，我们对幽默的尝试并没有达到我们想要的那种轻松感。当这种情况发生时，最明智的做法是立即承认。一个迅速而真诚的道歉通常是个好主意，不要拖拖拉拉，也不要夸大其词。

如果能重新来过，那就更好了。

内奥米·巴格多纳斯和珍妮弗·阿科尔分享了另一个好例子。她们以前的一个客户是一家媒体公司的创始人，曾与她们在同一个管理团队工作多年。当女员工玛丽陷入困境时，该团队尝试了坦率的对话，努力帮她纠正方向，并进行了指导。但一年之后，大家一致认为，玛丽必须走。

玛丽原本被安排去主持团队会议，可惜她没等到这个荣幸的机会就离开了，于是，现在这个任务落到了创始人的身上。他感到很紧张，走进房间，立刻开玩笑说："玛丽，把主持人的美差带走吧！"

房间里的气氛变糟了。大家面面相觑。然后一个团队成员说："我认为这并不好笑。"

创始人立即表示同意，说他对玛丽的缺席感到很不自在，只是在试图化解紧张的气氛。

"让我再试一次。"他建议道，然后离开了房间一会儿。回来后，他说："大家早上好。我知道我们今天有很多事要谈。但我想先就玛丽的缺席说几句话，因为我知道这对我们所有人来说都很艰难。"

这位创始人犯了一个错误，他对自己轻率的行为可能引发的反应不敏感，所以多一点自知之明本可以拯救他的尴尬。不过，当他被指责失误时，他立即接受了批评，然后机智地重新开始会议，为团队创造了前进的道路。

这个故事也强调了停下来问问自己为什么我想说这些话的价值。当你想要分享一句俏皮话的时候，请三思。如果你唯一的理由是"因为我觉得这很有趣"，或者就像刚才提到的这位高管的情况一样，因为你觉得尴尬，你可以把它留到洗澡的时候再说。在那里，你的脱口秀表演永远大受欢迎。

# 第九章

## 触因 8：吸引力，令人不安的部分

我们同心崛起，因为我们承认吸引力在职场关系中所扮演的角色

"我也是"运动公开了传统上女性和男性在职场体验上的根本差异。即使是那些没有遭受过个人骚扰的女性也知道性骚扰的存在，她们也很熟悉应该避免与谁独处的小道消息的警告。

相比之下，2017 年，当有关杰出男性领导人的新闻开始成为耸人听闻的头条新闻时，男性往往感到震惊，而且自那以后，这种新闻持续不断。

《华盛顿邮报》（*Washington Post*）的达纳·米尔班克（Dana Milbank）就这个问题发表了一篇极其诚实的专栏文章，生动地说明了男性和女性之间的认知差距。米尔班克对这些头条新闻的第一反应是惊叹，他写道："我的整个职业生涯都在优秀的工作场所度过，从来没有发生过这样的事情。"

米尔班克的一个亲密女性朋友向米尔班克工作过的一位

有权势的编辑提起诉讼，揭露了那位男编辑是一个臭名昭著的连环性侵犯者。随后，在米尔班克也曾就职过的一家新闻场所，有一位知名评论员被曝出以骚扰年轻女性而声名狼藉。

米尔班克想知道，这一切怎么会就在他的眼皮底下发生，而他自己却毫不知情？

米尔班克并不知情，这尤其让他感到恼怒，因为他年轻时也曾被这些人欺负过，尽管这种骚扰不是性方面的。他没忍受他们对他工作的恶意攻击，将他挡在重要会议之外，以及经常诋毁他工作不达标。

这些经历是令人不快的、有失脸面的，但米尔班克认为，那些对他咄咄逼人、不屑一顾的人只不过是喜欢仗势欺人罢了。因为这些人掌握着实权，他有意识地决定忍受他们的虐待，希望能获得一张进入经营他们杂志的"男青年俱乐部"的门票。他含蓄地同意这些老板的统治地位，不挑战他们的权威，甚至不为自己辩护，因为他试图为自己进入他们的核心圈铺平道路。

米尔班克在回应"我也是"运动时披露的信息清楚地表明，他的女性同事无法做出类似的取舍。她们所忍受的身体方面的欺凌和明确的威胁，对她们的心理、职业和生活造成了更大的破坏性后果。认识到这一点后，他决心更好地倾听和支持女同事，这样他就能和她们站在一起，反对职场暴力。在过去几年里，与我交谈过的数千名男性都有类似的感受。

当然，性骚扰不仅仅是女性的问题。它还影响了多种性别身份认同，LGBTQ 人群经常成为各种评论的目标，从侮辱到威胁，不一而足。

## 全新领域

"我也是"运动颠覆了长期以来以女性沉默和男性无知为基础的固有模式，动员了人们对某些政策的支持，这些政策旨在将骚扰公开化，并惩罚那些骚扰他人的人，不论目标是谁。这一非常积极和持续的过程正在对职场产生深远的影响，并有望使工作场所更公平、更安全、更专业。

但是，"我也是"运动的全球传播，创造了一个不稳定的环境，在这个环境中，关于什么是可接受的、什么是不可接受的问题经常出现，并不断变化。这使我们很难将骚扰行为与良性行为区分开来，在这些行为中，吸引力可能（或者貌似）发挥了作用。

所以，我们都在摸索答案。

我们可以接受赞美吗？我们可以问某人结婚了吗？我们可以邀请某人共进午餐，或者，如果我们正在旅行，邀请某人共进晚餐，会不会被误解呢？如果我们发现自己被同事、客户或顾客的魅力所吸引，怎么办呢？有没有一种方法，既能恰当地传达，又不会引起抱怨呢？如果我们一直在和某同事谈恋爱，而我们想要分手，怎么办呢？对方会报复说我们表现出了不正当行为吗？

我们必须不断地就这类问题进行讨论，才能让自己保持警惕和戒备。我们可能会发现自己甚至会对微不足道的言论进行猜测。出于对自己或他人可能被误解的担心，我们还会避免潜在的联盟或友谊。这使我们很难培养一种轻松的友谊，这种友谊不仅可以提高工作效率，还会让工作变得愉快和令人积极参与。这也使得建立信任变得困难。

这是公司和政策制定者的问题，也是我们个人的问题。我们需要一种清晰的平衡意识，知道什么可能是有害的、什么可能是无害的，这样我们才能更好地评估什么时候放手、什么时候采取行动。

## 隐私化

下面举例说一说赞美可能会给人暧昧和困惑的感觉。

我曾与一家中型公司一起工作，公司创始人法伊兹是一位年近六旬的男性，长期以来一直在雇佣和提拔女性。一天早上，法伊兹发现自己和刚从大学毕业没几年的新员工罗宾同乘电梯。他注意到她刚刚把长发剪短了，向她打招呼后，他笑道："你的发型太棒了。"

那天下午，罗宾和她的一位女同事去拜访了法伊兹。这位女同事说："法伊兹，我们认为最好先找你，而不是去找人力资源部，关于你今天早上发表的评论。"

"什么评论？我不太明白你的意思。"

"你对罗宾发型的评论。谈论女人的外表是不合适的。你太过分了。"

法伊兹很惊讶，他辩解说自己没有恶意。

"你不会告诉一个男人你喜欢他的发型。"罗宾说。

"也许不会，因为我可能不会注意到。但如果他的头发真的很长，我可能会关注。但你这话从何而来？我总是赞美别人。"

罗宾的女同事继续驳斥："情况变了。你的赞美可能采取了错误的方式。我们知道你是个好人，所以我们想提醒你。"

法伊兹说，他感谢她们来找他，但他反复提到了同一个问题："你是在暗示我不能赞美任何为我工作的人吗？"

罗宾的辩护者又说："女人不一样，如果这与她的外表有关的话，就不能瞎评论。"

法伊兹说"好吧"，并告诉罗宾他很抱歉让她心烦。但后来与一位朋友交谈时，他仍然感到困惑："我不知道，现在理发还被视为私密行为。而不表达赞美似乎不是鼓舞士气的好方法。另外，如果我们不能说任何与工作无关的事情，我们怎么能建立人际关系呢？"

法伊兹和罗宾的僵局表明了"我也是"运动的一个不利方面。试图惩罚温暖和自发的举动，对男性和女性都无益。单方面宣布新规则，会让人感觉疏远和自以为是。而急于这么做的主要表现就是缺乏信任。那么，还有什么替代方案吗？

处理这种情况的一个关键是先假设对方有积极的意图。例如，我们可以把偶尔的赞美当作同事支持我们的证据，不管有多尴尬，这都是在试图让我们感觉良好。我们对此的反应是什么？总是一句简单的"谢谢"。

当然，如果这些评论经常出现或带有性暗示，我们需要迅速解决这个问题。简单地说："你的赞美让我感到不舒服。请闭嘴。"如果对方继续评论，我们就会明白这不是善意的赞美。我们可以从值得信赖的同事那里寻求帮助，或者把问题提交给人力资源部门。

显然，法伊兹和罗宾交流的潜台词是，因为他喜欢她的发型，所以他觉得她很迷人，尽管在这种情况下，这并不是他评论的动机。然而，在一个敏感的环境中，我们被鼓励警惕，甚至害怕吸引力。我们认为，这必然是不尊重他人的越界行为。

这样做也未必特别奏效，因为两性吸引是人类生活的正常组成部分，甚至是进化的组成部分，是我们天性的基石。试图建立一种吸引力不起任何作用的工作场所是行不通的。设计切合实际的方法来解决这个问题才是最佳途径。

## 透明度

虽然"我也是"运动凸显了男性和女性在工作体验方面的根本差异，但也以一种重要的方式平衡了这种差异。在过去，职场恋情的负面影响往往只会落到女性身上，而男性，尤其是掌握权力的男性，可能会得到宽恕。

这种情况已经改变。如今，一段职场恋情的曝光或分手后的后果，可以像毁掉女性的职业生涯一样轻易毁掉男性的职业生涯，这证明了"吸引力"触因仍然是一种破坏性的力量。人力资源可以通过制定政策来发挥关键作用，最大限度地减少这种触因对我们所有人职业生涯的影响。但作为个人，我们也需要自己的政策。

首先，透明度是必不可少的。无论后果如何，如果不诚实地面对正在发生的事情，最终都会走向灾难。备受关注的美国有线电视新闻网（CNN）前总裁杰夫·扎克（Jeff Zucker）一案，生动地说明了这一点。

作为一个受欢迎的领导者，扎克一直与公司的首席营销官（CMO）保持着长期的地下恋情。两个人都离婚了，没有明显的年龄或权力差距，也没有任何偏袒或骚扰的迹象。这段关系在公司内部被视为公开的秘密。后来的新闻报道援引同事们的话："每个人都知道。"然而，扎克和他的伴侣都没有遵守公司要求他们披露关系的指导方针。

他们的选择并不罕见。例如，某人力资源平台在对员工进行的一项调查中发现，70% 的员工没有向公司的人力资源团队报告违反公司规范的骚扰行为。

然而，紧随其后的是，一份报告公开披露了 CNN 新闻记者克里斯·库默（Chris Cuomo）如何帮助其州长兄弟应对性骚扰指控的细节。于是，CNN 的董事会得出结论，他们别无选择，只能解雇扎克，不是因为他有一段办公室恋情，而是因为没有公开这段恋情。作为一名领导者，董事会认为扎克有责任树立一个好榜样。相反，他却公然藐视公司政策。一段时间后，克里斯·库默也被解雇了。

这件事清楚地表明，透明度现在对每个人都至关重要，无论职位权力如何。

## 当地下恋情的主角是我们自己

然而，提醒自己"不是犯罪，而是掩盖真相"让我们陷入麻烦，并不会让我们的雇主认为有问题的关系变得更容易披露，尤其是考虑到采取公司准则中要求的行动，可能会让我们丢掉工作，或者导致不必要的调动。

正式报告一段恋情可能也没什么吸引力，因为它要求我们评估事情是否已经严重到需要采取这一步措施。我们是否想象过和这个人共度余生？对方也这么想吗？我们准备好谈这个话题了吗？这个难题尤其令人生畏，因为我们最好在一段关系的早期报告，而这个时候恰恰是我们感觉准备最不充分、对关系将如何发展最不确定的时候。《纽约观察家》（New York Observer）前编辑伊丽莎白·斯皮尔斯（Elizabeth Spiers）就曾面临这样的困境，当时她意识到自己爱上了公司商业房地产贸易刊物的一位同事，两个人工作关系密切。

他们只约会了一次，斯皮尔斯就得出结论，如果他们打算继续约会，就需要立即向公司报告这段恋情。她说："相信我，你绝对不想在第二次约会开始时就讨论这个问题。类似的问题是，我们是否足够认真地对待这件事，以至于报告这件事不会危及我们的工作？"

　　斯皮尔斯非常现实。"我知道，作为乔瑟姆的老板，我有可能成为活生生的性骚扰诉讼对象。我没有骚扰他，这并不重要，因为我是他的老板，所以这种权力差异创造了机会。我对劳动法足够了解，所以我确信，在任何情况下，你和下属约会的行为都不可能不面临性骚扰诉讼的风险。但如果你对他们进行了提拔或降职，你就会因涉嫌歧视被起诉。"

　　至少可以说，这是一次尴尬的谈话，但斯皮尔斯说得对。如果是爱，我们需要评估潜在的代价，并决定我们是否准备好面对各种后果。


## 平衡之道

　　话说，如果不是爱，该怎么办？如果是秘密恋情、逢场作戏呢？如果这是一种为我们的生活增添情趣的方式，或是一场私人的小戏剧，能给我们带来能量，（让我们面对现实吧）激发我们上班的兴趣呢？和人力资源部门进行的沉闷的谈话是否与享受那一刻的浪漫精神相抵触？

如果秘密、耳语和小诡计是调剂生活的一部分，我们会特别强烈地保留。如果你下载信息披露表格，或者向老板坦白一切，你怎么能感觉到自己在放纵内心的顽皮呢？

　　需要明确的是，我们在这里讨论的不是虐待的恋爱关系。我们说的是"吸引力"触因，它在工作场所总是很容易被激活。毕竟，我们和同事们一起度过了很长时间，在合作追求共同目标的过程中，我们经常分享焦虑、情感枯竭或快乐的胜利时刻。考虑到工作需求的不断增加，如果我们单身，我们还能怎么与人结交呢？约会软件一定是我们唯一的选择吗？

　　不一定，尤其是调情的时候！我们有必要了解潜在的代价，这样可以保持我们考虑大局的能力，包括我们真正想从生活中得到什么，以及我们相信我们能为世界贡献什么。请务必记住，被某人吸引并不意味着我们就要有所行动，明白这一点也很有帮助。我们可以感受它、享受它，然后，就让它静静地在那儿。

　　这对于在一个把忠于内心与充实生活联系在一起的文化中成长的人来说听起来可能有些违反直觉。但是，当我们面对工作中的情感吸引力时，拒绝听从我们的头脑和内心，会让我们陷入措手不及的麻烦。

　　同样重要的是，要认识到吸引力通常有一种紧迫感，让人觉得它很重要。然而，从更大的角度来看，我们在回首往事时往往会发现，在某一特定时刻看似重要的事情，现在看来只不过是紧急（但不重要）的事情。

保持这样的观点，并清楚地知道，我们更大的优先事项可能是我们在紧急情况下最不想做的事情。但这比最终可能被证明是一时冲动的事情（法国人所说的"双人疯狂"）让我们的工作和生活失控要好得多。

## 自尊

平衡头脑和心灵，保持表现热情和自发性的能力，同时又不搅乱局势，这是我们时代真正的平衡之举。保持这种平衡需要在表现和压抑的两个极端之间找到一个中点，并采取一种适合我们个人气质并支持我们的目标的方式。

我们如何做到这点？

首先要了解自己，这意味着我们要清楚地了解自己的意图和承担风险的能力。了解自己还意味着我们要在感受产生时承认并接受，但也要牢记自己的优先事项。让这些相互冲突的冲动保持平衡的能力，赋予了我们巨大的力量，使我们能够召唤自尊和彰显自爱。

琼·狄迪恩（Joan Didion）那篇让人受益终身的文章《论自尊》（On Self-Respect）在这里很有用。狄迪恩认为，自尊在于我们有能力衡量自己的行为，并接受自己行为的潜在后果，包括一段关系"可能不会因为你嫁给了我而变成每天都像在度蜜月的热恋的风险"。

她写道："有一种普遍的迷信，认为自尊犹如一种抵御蛇毒的魔力，通常会将自尊者锁在未受破坏的伊甸园，使其远离奇怪的床、矛盾的对话和麻烦的东西。其实自尊根本不是这样的。它与事情的表象无关，而是一种私下的内心的和解。"

狄迪恩接着对比了两个虚构的人物："《萨马拉的约会》（*Appointment in Samarra*）中粗心大意的、有自杀倾向的朱利安·英格利希（Julian English），以及《了不起的盖茨比》（*The Great Gatsby*）中粗心大意的、极其不诚实的乔丹·贝克（Jordan Baker）。"与朱利安·英格利希不同，乔丹·贝克会计算自己决策的风险，并接受具体行动可能带来的具体代价。这使她有了"面对错误的勇气"。

狄迪恩说，有自尊的人恰恰有这种勇气，因为"他们知道自己行为的代价。有自尊的人表现出一定的韧性，一种道德勇气；他们表现出曾经被称为品格的品质，这种品质虽然在抽象上得到认可，但有时会被其他更容易被讨论的美德所取代……然而品格——愿意为自己的生活和行为承担责任——是自尊的源泉。"

狄迪恩观察到，拥有个性"就有可能拥有一切：辨别的能力，爱的能力，以及保持冷漠的能力。缺乏爱就等于把自己禁锢，既不能热爱，也不能冷漠"。

理解这一点，了解我们准备接受什么、失去什么，将有助于我们应对这个时代的困惑。在这个时代，我们的私人生活和公共生活之间的界限已经被侵蚀。这一点现在对男性和女性都适用，对异性恋和那些 LGBTQ 身份的人也都适用。

## 规则

如果我们想解决"吸引力"触因，就需要了解自己的优先事项，并为自己建立规则。但专家的建议也很有帮助。艾米·加洛（Amy Gallo）在《哈佛商业评论》（*Harvard Business Review*）上撰文，就办公室恋情这一主题对一系列心理学家和政策专家进行了调查，并总结出了一份简明的"该做"和"不该做"清单。

以下是摘要：

### "该做"清单

- 要了解其中的风险，包括潜在的利益冲突、声誉风险，以及某段恋情不会有结果的可能性。
- 要接受人们可能会质疑你的专业水平或你凭自己的能力取得成功的事实。
- 要审视你的意图，质疑你的感觉是否在为你自己的需求（即自我满足、兴奋或成功）服务。
- 要彻底了解公司的政策，并理解其背后的基本原理。
- 如果你违反了任何规定，一定要"尽早坦白"。
- 也和潜在的伴侣好好谈谈，如果你们的恋情没有结果，你们各自会怎么做。

### "不该做"清单

- 不要用诡计或误导来隐藏你们的恋情，别人总会发现的。
- 不要在伴侣面前表现得不专业，让别人受制于你们的关系。
- 如果你不认真对待一段感情，就不要追求同事。
- 不要和你的上司或下属约会，千万不要。
- 不要以为你的特殊才能或职位可以让你不受这些规则的约束。

"吸引力"触因是具有挑战性的，因为它的本质是不稳定的，它根植于我们的心灵深处。要解决这个问题，就需要做目前环境中最难做到的事情：给予他人怀疑的机会；即使在感觉不舒服的时候，也要直接和透明；明白并将性化的权力滥用与日常吸引力区分开来，后者是人性的正常表现。

第二部分
# 归属感文化

# 第十章

---

## 包容行为的力量

我们通过日常实践包容行为的习惯，而同心崛起

行为决定文化，因为文化存在于我们如何做事的细节当中。然而，尽管在过去的 25 年里，各个组织一直在使命宣言中提高包容性，并推出包容性举措，但它们很少把重点放在行为上。

相反，它们经常把包容和多元混为一谈，因此限制了包容性的应用范围。或者它们认为，仅仅使用正确的词语就能为它们打造一个包容的工作环境。

我碰巧对这些努力有所了解，因为我在前面几章中多次引用的《包容之网》是第一本在商业环境中使用"包容"一词的书。

我决定采用网络的形象来论述，因为它的结构反映了当时正在演变并且很快会重新配置工作方式的技术网络架构。作为一种组织结构，网络似乎比长期主导工作场所的传统等级制度更适合，因为它反映了一种非常不同的技术模型。网

络是有机的，从自然界汲取了形状，我相信它们有潜力让工作回归到更人性化的尺度。

但包容之网不仅仅是一个结构，也是一种运行方式。因此，网络依赖、支持并奖励包容行为和习惯的实践。这与以前在组织中盛行的自上而下的管理风格形成了鲜明的对比。网络不再是由等级制度决定的命令链和沟通渠道，而是像卷须一样互相缠绕和连接，使人们能够跨越级别和信息孤岛进行交流。

包容之网有着相当大的影响力。近30年过去了，我仍然会受邀就这个主题发表演讲，几乎总是作为多元和包容倡议的一部分。这本身就说明了包容的概念是如何被组织结构所吸收的。包容性并没有渗透到企业文化中，而是被孤立起来，通常被视为一种吸引女性和主导领导群体之外的人的重要工具，而不是一种需要在每个层级都实践的领导技能。

当《包容之网》出版时，我并没有想过多元与包容紧密联系在一起，尽管几十年来，多元和包容（Diversity & Inclusion,简称D&I）这两个词已经反射性地结合在一起。这种配对是有道理的，因为作为少数群体的个人更有可能认为自己遭遇了排斥，难以获得别人的支持，其潜力也未得到充分认识。

在过去的25年里，D&I（现在的DEI）倡议在全球范围内传播，试图纠正这种情况。然而，多元和包容之间的关系常常被误解。

例如，我经常听到领导者将多元描述为他们的"目标"。这没什么道理。多元不是一个愿望或目标，而是一个事实：它描述了全球人才库的性质，大大小小的组织都必须从中汲取人才。相比之下，包容性是引领那些在历史上一直站在主导群体之外的人的唯一可持续有效的方法。

因此，多元描述了现实的性质，而包容描述的是最有效地管理现实的手段。

两者经常被混淆，所以我要再次重复。

## 行为与偏见的对决

尽管多元、平等与包容（DEI）的举措经常被搁置，但它往往为组织提供了巨大的价值，尤其是那些将DEI与导师圈、赞助倡议和教练技术相结合的组织。根据我的经验，正如我在序言中简要提到的，人们的主要弱点是经常依赖于无意识偏见培训。

这些培训通常从员工调查开始，旨在揭示偏见模式。然后，研究结果被用于设计研讨会或闭关培训活动。在这些活动中，有人指导参与者承认并说出自己无意识的假设和偏见，通常是在小组环境中进行。其理念是，通过简单的认知过程，人们将开始改变他们的行为。它基本上是一种宣泄模式，类似于那些由会心团体、团体疗法和12步计划推广的模式，在此，我们被认为可以通过坦白自己而受益。

推出无意识偏见培训，可以帮助领导者感到他们所做的事情有助于解决多元、平等与包容等通常令人痛苦的问题。然而，结果往往令人失望。多年来，我与太多的客户交谈过，他们通常在全球范围内采取了代价高昂的举措，但后来的评估表明，这些举措收效甚微。作家兼纽约大学新闻学教授帕梅拉·纽柯克（Pamela Newkirk）在她开创性的著作《多元公司》（*Diversity, Inc.*）中广泛记录了无意识偏见培训的无效性。

当我问客户为什么他们认为这些努力未能"改变现状"（这是一种常见观察）时，他们通常会举出一些无关紧要的细节，比如：培训师不够出色；参与者挖掘得不够深；领导层并不支持这一努力；培训中有太多内向的人。

相比之下，我的经验和纽柯克的研究表明，我们需要解决一个更为根本的问题。

为此，让我们来看看"无意识偏见"这个术语。这些词告诉我们什么？

- 它们告诉我们，我们正在处理无意识的、那些漂浮在我们脑海中却存在于我们意识控制之外的随机想法和印象。
- 它们告诉我们，我们关注的是自己的负面因素：狭隘、被动、评判、有限、自私、尴尬、潜在的不友善，也就是我们的偏见。

根据定义，无意识偏见培训要求参与者处理不在他们有意识控制范围内的负面材料。

同样，从定义上讲，这些培训注重的是言谈而不是行动。

该练习的指导思想似乎是对话将改变我们，尤其是令人不舒服的对话。但事实往往并非如此。作为人类，我们更有可能因为采取不同的行动而产生不同的体验。而这些体验自然而然地开始改变我们的想法和感知。

换句话说，改变我们的行为更有可能改变我们的想法，而不是说，改变我们的想法更有可能改变我们的行为。

我们每个人都可能经历过这种情况。

例如，我们认为自己不喜欢某个人，但我们努力善待他，他对我们的努力做出了积极的回应。然后，我们更有可能根据他对我们积极努力的反应开始喜欢他，而不是武断地决定我们应该对某个人敞开心扉。仅仅认识到我们的偏见并不能给我们一个直观的前进道路，而采取行动则可以给我们前进的方向。

此外，对别人来说，如果负面看法偶尔会在我们脑海中浮现，那也并不真的重要。重要的是，我们要以欣赏和尊重的态度来对待他们。因为造成等级差异的原因是我们的行为，而不是我们随机的、未表达的想法。老实说，这些想法不关任何人的事。

无意识偏见的方法还会激发防御机制并激活触因，就像我们在第六章中介绍的工程师亚历克斯一样。这在一定程度上是因为无意识偏见练习使某些偏见凌驾于其他偏见之上。从历史上看，这种认知的等级结构是可以理解的。然而，鼓励人们在群体环境中诚实地表达自己的负面看法，可能会导致分裂加剧，引发强烈反感，这正是亚历克斯身上发生的事情。

当然，这些练习也有一些好处，其中的调查提供了有用的信息。个人可能会有顿悟或领悟时刻，因为他们意识到早年形成的态度会破坏他们与某些同事建立积极关系的能力。然而，对于希望建立一个让尽可能多的人有归属感文化的组织、团队、单位或部门来说，无意识偏见往往是一种分散的、不确定的、可能适得其反的方法。

## 新的存在方式

相反，我想提出一种积极的、基于行动的方法。这种方法使我们能够通过行为方式进入新的思维方式，而不是试图通过改变思维方式进入新的行为方式。

首先我要清楚地阐明任何人都可以用来创造归属感文化的具体实践。这些实践对我们个人很有用，无论我们资深资浅都无妨。它们还有助于团队和组织打破障碍、层级和边界，以便人们可以更广泛地沟通和协作。

这些实践包括但不限于如下所述：

### 积极倾听

每周至少有两本关于领导力的书摆在我的办公桌上。它们无一例外地包括这样一章或一节：标题是"倾听！"（带祈使语气）。

　　当然，倾听就其本身而言是重要的（甚至是必要的），因为它尝试控制我们分散注意力的思绪，以便我们真正聆听和考虑别人在说什么。但是，创造一种包容性文化需要更多的东西。倾听本身就是一种心理纪律，一种内在的过程。除非我们同时表现出我们是在倾听，否则对方可能感觉不到被倾听。

### 基于之前发言者所说

　　没有什么比在会议、头脑风暴或谈话中引用别人的观点更能让别人感到被倾听了。我们都知道这一点，因为当有人对我们表示慷慨时，我们都经历过这种喜悦。比如，他们说："我将在安妮的观点的基础上继续延伸"或"我同意巴希尔的观察"。我们常常对这样做的人心存感激，因为这让我们知道有人在听我们说话。

　　因此，聪明的做法是抓住每一个真正的机会，将我们所提出的观点与他人所说的内容联系起来。这样的表达是更顾及更广泛人群的，而不是仅仅以那些拥有更高职位者的言论为基础，如果经常那样做，就会顺理成章地让我们看起来像马屁精。

　　是什么阻碍了我们遵循这个简单的策略呢？

　　通常情况下，要么是我们没有完全听清楚别人在说什么，要么是因为我们全神贯注于自己想说的内容，要么是因为我们习惯了走神。这些都是"听而不闻"的典型症状。

我们不能以别人的话为基础的另一个原因是，我们可能过多地依赖于准备好的演讲稿、要点和幻灯片，尤其是在会议期间。这可能会让我们拘泥于自己的脚本。我们滔滔不绝地传递信息，而不是将会议视为真正交流的机会。

这样，照本宣科的会议削弱了我们建立更具包容性的文化的能力。然而，这仍然是团队和组织中的一个特征。作为一种替代方案，我们总是可以在会议前向与会者发送要点或幻灯片，要求他们在讨论之前仔细考虑。

这种方法很明显，但经常被忽视，尤其是那些严重依赖事先准备好发言稿的人。然而，没有什么体验比坐着开完会还没劲：人们试图发表相关评论或分享答案，而演讲者却一直在说"说得好，但我们必须把这些幻灯片看完"。

真的吗？我们必须吗？

相反，如果我们把每一次会议都看作是在分享信息的同时建立共识、凝聚力和归属感的机会，就会看到预设演讲的无效之处。

### 避免"过度确认"

如果我们的努力过度干扰，那么，就算是基于同事的观点而发表意见也不会对任何人有益。但当我们试图通过不断确认来证明我们在倾听时，就会发生这种情况："说得好，太棒了，是的！"我们可能会觉得我们在表现出同理心，成了一个好听众。但如果我们反复这样做，就会破坏对方的连贯叙述。

我曾为一家大型保险公司的 20 位经理进行过一次集体培训。培训会议原计划是面对面举行的，但来自同一个地方的 8 名与会者遇到了暴风雪，只好通过电话参加会议。这次生动的交流被录音了，我很想听录音，因为我一直忙着辅导，没有时间做任何笔记。然而，听录音让我感到痛苦，因为每次有人说话时，我都能听到自己插嘴说："多棒的主意！我同意！我还没想到呢！"这些话令人恼火、乏味、过于自负，这样反复几次之后，听起来好像我在试图劫持会议，让会议完全围绕我和我的回应。

在如今的虚拟环境中，"过度确认"的危险只会变得更加紧迫。例如，如果我们在 Zoom 之类的平台上，并且麦克风是开着的，每当我们确认别人说的话时，麦克风会自动认准我们。我们都见过这样的情况：当一个非常有同理心或热情的人在热切地试图表示支持时，屏幕会反复抓拍他的特写镜头。这种影响是破坏性的，与他们的意图完全相反。

## 最后发言

彼得·德鲁克可能是 20 世纪最有影响力的管理思想家，也是一位值得与之共度时光的杰出人物。他散发着智慧的光芒，同时也是一个高度专注的听众。你知道你面对的是一个巨人。

彼得给自己定了一条规矩：他总是最后一个发言。无论是一对一的会议还是大型会议，他都会等到每个人都说完之后才发表意见。通过这样的做法，他表现出了自律、耐心和谦卑。此外，这种做法还有具体的好处。

首先，它避免了其他人会因为受到他的言论的影响而调整或修改自己的言论的危险。这是任何一个高级职位的人都要面对的问题：一旦你说了，其他人就会随声附和，他们可能会提出的任何问题、担忧或反对意见，现在都不会被说出来了，因为他们会纠结于同意你的观点。这既剥夺了你的信息知情权，也导致了其他人感到没有被倾听，尽管是他们自己选择了自我审查。

其次，最后发言能让你有机会思考别人分享的内容，这增加了你的回应与主题相关的可能性。这也让你有机会在之前发言者的基础上进行补充，因为你已经听到了他们的演讲。耐心等待能让你有时间倾听，也能让你有时间表明你在倾听。正如彼得所认识到的，这会增强你的权威。最后发言的时候，你可以总结一下，也许还可以提出前进的方向。

## 跨级别和部门交流

倾听的方式很重要，但倾听的对象也很重要。

创新或战略思想往往渗透在那些缺乏职位权力、无法将自己的见解付诸实践的人中间，他们的一线经验能让他们直接与顾客和客户联系起来，他们的实际工作能提醒他们潜在的产品或服务故障。然而，他们往往没有与高层决策者分享他们有价值的、基于经验的见解，原因很简单，当高层讨论这些决策时，一线工人很少出现在会议室里。

这就是美国汽车行业在差点被日本挤出市场之前的运作方式，日本的集成制造模式与美国自上而下的模式截然相反。当一家美国制造商遇到车门安装不良的问题时，领导层通常不会向装配线工人寻求答案，就因为装配线工人的工作实际上是将车门安装到汽车上。尽管这些工人是信息宝库，公司本可以利用他们来减少缺陷，从而阻止日本汽车流入，但公司并没有向他们征求意见。

但那是过去的艰难岁月，对不对？在沟通几乎完全由上而下进行的、孤岛式层次结构的时代，人们无法跨越严格的界限进行交流。是的，当然。不过，几十年来关于制造业和营销崩溃的警示故事损坏了孤岛式层次结构的名声，如今的领导者也学会了使用包容的语言，但他们的努力往往仅限于重新设计管理图表或任命监察员，跨越传统分歧以传达信息。而我们需要的是一些简单的实践，使各个级别的人员都能够分享想法、评论和担忧。

确保跨障碍沟通的一种方法是定期邀请一系列人员参加重要会议。那些接电话、销售产品、修理损坏的东西和处理客户投诉的人都是资源，他们掌握的知识需要被听到。

## 细节很重要

在沟通中，最常见的反对将一线工人包括在内的理由是他们可能不愿意发言，因为他们感到害怕或不习惯被倾听。然而，当沟通没有以鼓励贡献的方式进行时，这种情况最有可能发生。

例如，我曾与美国菲尼克斯的一家中型咨询公司合作，这家公司的新任首席执行官渴望打破传统的官方文化。之前的领导团队基本上只在他们内部或与他们的直接下属进行沟通。为了改变现状，这位新任首席执行官开始例行公事地在每次战略会议上邀请一系列人员。然而，他对员工的参与度感到失望，并怀疑自己是否做错了什么。

员工们清楚地知道问题出在哪里。

特雷法娜是该公司商业部门的新员工，她说："当我的老板让我参加领导团队的月度战略会议时，我简直不敢相信。我居然和首席执行官坐在同一间会议室里。我的老板告诉我，他希望我根据自己与客户的接触情况给出一些反馈或观察结果，所以我有备而来。但这感觉很奇怪，因为高层团队围坐在一张大桌子周围，他们的直接下属就在他们身后，其他人都挤在后面。如果我说了什么，高层就会被迫转过身来，这让我觉得发言真的是一件大事。因为没人叫我，我就没有自告奋勇。后来我才知道，我的老板很失望。"

这并非特例。一个致力于打破藩篱的领导者会召集一次会议，让不同级别和不同部门的人都参与进来。然而，关于谁坐在哪里以及谁先发言的严格等级契约仍然存在。这样做通常是出于担心，如果高层被下放到"西伯利亚"，或者没有被邀请首先做出回应，他们会觉得不舒服。然而，这些担忧主要表明，对包容性实践的承诺并没有渗透到核心领导团队之外。

相关研究证实，员工可能会认为他们的管理团队比低一级的团队更致力于包容性，而低一级的团队比低两级的团队更致力于包容性，以此类推。考虑到这一点，而且由于大多数人对自己所在组织的体验主要是由其与直接上司的互动决定的，因此，打破特权等级和团队运作的努力往往被视为"空谈"也就不足为奇了。人们听到首席执行官滔滔不绝地谈论他的承诺，在公司网站上读到热情洋溢的声明，但他们在日常工作中感受不到这种影响。

这是在这家咨询公司的战略会议上发生的事情。高管团队完全致力于他们试图实施的改革，并假设他们的团队成员会跟随，但他们保持了座位礼仪以安抚那些可能还没有完全准备好的人。当公司向一系列员工开放会议时，这一决定必定会传递出一个复杂的信息。

## 以身作则

让不同级别的人参与关键会议的一个好处是让年轻员工有机会亲眼看到高层工作是如何完成的。不同于在培训课程中所呈现的领导力行为清单，年轻员工通过观察经验丰富的领导者的行动来学习。

几年前，我在跟踪弗朗西斯·赫塞尔本（Frances Hesselbein）时得到了一个很好的示范。她当时是美国女童子军的首席执行官。当时，弗朗西斯经常被《商业周刊》（*Business Week*）和《财富》（*Fortune*）等杂志评为世界上最有卓越才能的领导者之一。对于一个与年轻女孩打交道的非营利组织高管来说，这是前所未有的。

有一天，弗朗西斯按计划与《纽约时报》（*New York Times*）的一名记者通话，讨论关于当年女童子军饼干的争议。她邀请了她的整个六人的传播团队来旁听电话会议，其中包括两名25岁左右的新员工。当他们来到弗朗西斯的办公室时，弗朗西斯以茶水招待他们，然后开始解释她希望与那名记者达成的具体目标。

这个传播团队安静地坐着，经历了漫长而有时充满挑战的交流。为了他们更方便地沟通，弗朗西斯一直开着电话免提。电话结束后，她询问了一些问题和意见。当团队中只有组长自愿献策时，弗朗西斯开始询问每个团队成员注意到了什么，学到了什么，以及为什么他们认为她以某种方式处理了各个问题。

在他们离开后，弗朗西斯注意到了这种方法的优点。"我今天邀请的团队是负责传播的，所以他们需要知道如何与媒体打交道。但如果他们从未见识过这是怎么完成的，又怎么能学会呢？旁听这样的电话，是给他们提供经验的好方法，他们在需要的时候可以利用这些经验。在很多组织中，年轻人从来没有这样的学习机会。但是，言传不如身教。"

## 尊重坚持立场的人

一家总部位于休斯敦的航空航天公司努力留住女性人才，为此成立了一个女性咨询委员会以帮助高管团队解决有才华的女性的留存问题。人力资源主管贝瑟尼（Bethany）邀请候选人加入该委员会。然后，九名女性和两名男性自愿参加。

贝瑟尼看了一遍名单，她的心沉了下去。"我很担心弗洛拉，"她说，"她很聪明，是一个强大的贡献者，但她不是我们最善于外交的员工，在女性晋升方面，她是一个激进的表达者。我担心的是，她可能会用她的担忧劫持会议，或者最终疏远委员会中的其他人。"

贝瑟尼面临着一个常见的问题，即如何处理那些在特定议题上坚定的倡导者。比如，某人在某项特定的事业上投入了很多，在同事中以倡导者和敢于说出自己的想法而闻名，并且他通常发表长篇大论。这些激进分子会让工作团队很难达成共识。有时候，和他们一起工作很痛苦。

贝瑟尼的担忧让我想起了第六章中描述的迈阿密先驱报社公平工作组取得空前成功的关键做法之一。召集该工作组的戴夫·劳伦斯表示，该工作组的指导原则之一必须是"尊重坚持立场的人"。也就是说，工作组应积极寻求包括那些对工作组希望解决的具体挑战持最坚定态度的人。

是的，戴夫承认，吵吵闹闹的声音经常会让会议难以控制，拖长会议进程，有时还会考验同事的耐心。但他指出，他们在前期（计划和共识阶段）消耗的时间，通常会在后期找补回来。原因很简单，不管坚持立场的人同意什么，都往往会得到持怀疑态度的同事的支持。

戴夫指出："人们认为，如果主管苏珊同意这样做，对新员工肯定有好处，因为她总是说公司的运作就像一个独家俱乐部。这就是坚持立场的人隐藏的巨大价值：他们是可信度的建设者。如果你能让他们参与进来，其他人就会相信你是在认真解决问题。"

在贝瑟尼的案例中，将弗洛拉排除在委员会之外，无疑会使这个过程更加顺利，并表明共识与和谐是重要的。但从什么时候开始，共识与和谐成了有效变革的特征？变革是出了名的混乱，所以优先考虑不动声色的人，往往会传递出这样一种信息：公司更愿意减少干扰，而不是认真应对其声称想要解决的痛苦挑战。

贝瑟尼意识到把弗洛拉排除在外可能会导致委员会提出一份笼统的建议清单，而这些建议几乎无助于改变导致女性离开公司的核心问题。相比之下，让弗洛拉加入，并可能将她与更资深的人配对，可以在贝瑟尼受命留住的女性中建立可信度，从而增加委员会实现目标的可能性。

### 不排除任何可能性

贝瑟尼对弗洛拉的主要担心之一是她会敦促委员会为那些工作时间富有弹性的人制定晋升政策，贝瑟尼认为这是与人才留存危机不同的问题。"如果我们引入一大堆问题，恐怕我们会陷入困境。"她哀叹道。

迈阿密先驱报社的公平倡议再次提供了一个模板，用于处理试图启动包容性实践经常引发的广泛担忧。迈阿密先驱报社公平工作组的两个坚持立场的人不断地对该公司的停车政策进行批评，因为该政策根据职务等级分配车位。高层领导无论何时（或是否）到达办公室，都能保证得到最佳停车位，而"我们这些平民"必须把车停在离大楼很远的地方，即使早上6点就抱着一堆文件来到办公室也不例外。

工作组领导人起初表示反对："我们的工作不是检查停车政策。我们的目的是让迈阿密先驱报社成为一个更公平的地方。"当然，在那些受到影响的人看来，该报社的停车政策非常不公平，象征着该公司对缺乏职位权力之人的漠视。在一些坚持立场的人的压力之下，工作组最终将停车政策的修订纳入了建议清单。

迈阿密先驱报社的领导层在批准成立特别工作组时，并没有想到会失去停车位。然而，改变这一政策比他们采取的其他行动都更能让员工相信报社对建立公平环境是认真的。这是因为人们每天早上开车上班时看到的第一件事就是报社变得更加公平的切实证据。

### 展示你的慷慨

当我们觉得自己不被重视时，当我们认为自己的贡献被忽视时，我们的反应可能是封闭自己。这会将我们推入一种愤世嫉俗的思维模式，从而塑造我们的内心对白："没有人会特意帮助我。我为什么要不厌其烦地去帮助别人？"

如果我们沉溺于这样的想法，就会破坏建立人际关系的能力，剥夺我们维护自己价值所需的支持。于是，我们陷入了不快乐的境地，相信自己占据了道德制高点，因为我们只是在回应别人对我们的态度。

逃离这个陷阱最有效的方法是采取完全相反的态度，即使我们自己没有感受到爱，也要努力让别人感觉良好。圣方济（Saint Francis）的祈祷是这种意志慷慨的例证："让我去安慰而不是被安慰，让我去理解而不是被理解，让我去爱而不是被爱。"

肯尼迪总统给这种情绪赋予了世俗特色，激励了整整一代人："不要问你的国家能为你做什么，而要问你能为你的国家做什么。"

当我们不计算回报，也不考虑我们慷慨的对象是否值得我们慷慨以待时，我们就表现出了慷慨风度。这对大千世界有好处，对我们自己也有好处。这就是双赢的定义，正如我的同事约翰·巴尔多尼（John Baldoni）在其著作《恩典》（*Grace*）中所写的那样。书中引用了慷慨在创造互惠圈中的作用，即使我们彼此分享，互惠也能增强我们的力量，这正是同心崛起的定义。

正如本书第一部分所倡导的那样，慷慨的运作方式类似于"姑且相信他人"。约翰·巴尔多尼还指出，"姑且相信"（一种揭示真相的形式）是另一种彰显恩典的方式。而慷慨行为将这种思维练习与具体行动联系起来，重新定义了这种心理练习：小小的礼貌、友善的话语、体贴的举动。

例如，我们花点时间去认可另一个人，不管是口头上的问候，还是发送一条简短的短信或留一张小小的便条，我们都能产生很多的快乐，真是太神奇了。

- "我喜欢你在那次会议上说的话。"
- "我很欣赏你敢于发声。"

- "看着你让我学会了如何倾听。"
- "你刚才说的话让我一整天都很开心！"

我的同事切斯特·埃尔顿（Chester Elton）和阿德里安·戈斯蒂克（Adrian Gostick）被称为"感恩大师"。他们建议我们，即使在困难的情况下，也要慷慨地表达感激之情。他们最重要的建议是：现在就赞美，经常赞美，不要害怕，也不要退缩。

但是，如果其他人似乎没有注意到或不欣赏我们的努力呢？如果我们仍然觉得自己被低估了呢？

除非我们得到一个让我们放弃的明确信息，否则我们最好的办法通常是再试一次。为什么？因为慷慨的行为最终会让我们自我感觉良好。

我们为什么要剥夺这样的机会呢？

## 投资同事的职业发展

表现慷慨的最有效方法就是让别人知道我们致力于他们的成功。我们可以在职业生涯的每个层面和阶段做到这一点，而不考虑性别、种族或年龄的障碍。

### 如果我们是高层

如果我们是老员工，可以询问新员工希望自己的工作将来发展成什么样子。但我们不要接受他们的模糊回答，如"我对我现在的工作很满意"或"我还没想太多"。我们可以促使他们明确地说出他们想从职业生涯中得到什么。我们可以邀请他们，让我们随时了解他们的想法。我们还可以询问级别较低的员工缺少哪些技能或经验，然后为他们寻找发展这些才能的机会。这是一种简单的方法，可以确保人们感到被重视是因为他们的潜力，而不仅仅是因为他们贡献了什么。这表明我们愿意以非正式导师的身份为他们服务。

多年来，我进行了数百次保密的离职面谈，发现人们（尤其是女性）给出的常见的离职理由就是"我的公司从来不了解我能做什么"或"我的老板不知道我擅长什么"。所以，我们可以直接提出探索性的问题："你有哪些才能是我应该知道的？"这样可以减少我们的团队成员感到被低估和被疏远的可能性。这反过来又有助于我们更好地挖掘他们的才能。

还有一个有用的询问方式，就是问问某人需要什么才能让自己发挥最佳状态。你喜欢别人怎样管理你？什么样的政策可以帮助你最有效地利用你的时间？哪些机会可以帮助你建立对你的未来有用的人际关系？这样的问题非常有帮助，不仅对我们问的初级员工有帮助，对我们自己也有帮助。它们使我们成为更有技能和更有效率的管理者，并增强我们取得成果的能力。

### 如果我们是初级员工

当我们处于职业生涯的早期阶段时，我们常常对高层人士抱有崇拜的看法，而没有意识到，即使他们慷慨大方、给予支持，他们也在为确保自己的成功而努力。如果我们承认这一点，并让管理者们知道，我们明白帮助他们在客户、顾客和下属面前保持良好形象是我们工作的一部分，我们就能从中受益。

我经常听到人们抱怨老板把他们的功劳占为己有。但是，如果管理者不遗余力地公开指出团队成员的贡献，那当然是件好事，但这种情况并不一定会发生。团队领导或管理者对结果负责，承担失败的责任，所以团队领导也有权为成功而自豪。

因此，当我们接受一项新任务或一个新角色时，我们可能会先问问我们的管理者，我们如何以有利于他们的方式完成工作，同时帮助整个团队脱颖而出。这样做表明我们愿意成为一个理解并重视老板利益的盟友。"我支持你"的信息是一种有效的工具，可以跨越障碍和分歧而建立支持关系，并消除不良触发因素。这表明我们了解事情的运作方式，我们是潜在的参与者。

## 提名的力量

我们通常认为，只有高层领导才能成为赞助人（sponsor），因为他们的关系和地位让他们有办法投资于自己选择的同事。他们通过为他人发声、推荐新职位、认可他人的技能以及给予他人利益来实现这一目的。在我们看来，这可能是权力的额外好处之一：能够通过帮助他人崛起来影响某些事件。但我们不需要等到身居高位才这么做。在我们职业生涯的任何时候，我们都可以积极地赞助他人。

要做到这一点，最有效的方法就是提名或推荐同事获得荣誉、奖项和重要任务。如果我们留心这样做，就会发现很多好机会。如果有人明确要求我们提供建议，我们要热情地回应，而不是认为这是一种无理要求，或者更糟的是，把提出要求的人视为自私。积极回应会给我们以积极的方式建立和扩展人际网络的机会。

推荐和担保不仅能帮助我们的同事，最终也能让我们自己受益。那些我们帮助过的人，当我们要求他们为我们做同样的事情时，他们更有可能回报我们。我的同事露丝·高提安（Ruth Gotian）是纽约威尔·康奈尔医学中心（Weill Cornell Medical Center）职业发展部门的负责人，专门研究表现极其出色的个人。她谈到了这一发现对她自身发展的影响。

"想当初，医学界一位非常资深的人问我是否可以提名他获得一个奖项，"露丝回忆道，"我很惊讶，像他这样级别的人怎么会求助于我呢。但更让我惊讶的是，我没有意识到事情就是这样的，任何人都可以向别人寻求这种推荐机会。我想，我是假设了那些推荐和荣誉都是自然而然发生的。但他很坦率地求助了很多人。很明显，他想获得尽可能多的选票。"

露丝发现，背书"会自然而然地发生"，这一假设在女性中更为普遍。"男性，尤其是来自主流群体的男性了解这个系统是如何运作的，并认为自己会成功，他们似乎不会担心提出这种要求。对于女性来说，情况可能更加复杂。我们害怕显得唐突，或者担心有人会认为我们自私。但我们不能让这种恐惧阻碍我们前进。向别人寻求帮助意味着他们也可以向我们寻求帮助，这给了我们回报或传递帮助的机会。当我们首先提供支持时，这表明我们对自己的贡献能力有信心，同时也让世界变得更美好。"

让露丝印象特别深刻的是，请求她推荐的那个人让整个过程变得轻而易举。"他给我提供了其他人写过的推荐信，我可以用作范例。他提供了对他最有帮助的措辞。在过去，我不愿意做这样的事情，但这次我不必花很多时间去思考应该说什么。我决定向他学习，积极寻求帮助，让别人更容易提供帮助，并主动推荐其他人。我的人际关系也因此开花结果。"

## 招聘以实现目标

要建立一个包容性的组织，没有什么比在招聘时优先考虑包容技巧更有效的方法了。几年前，当我与一家总部位于亚洲的自然资源矿业公司合作时，我深刻体会到了这种做法的力量。这家公司正努力改变企业文化，无论是在总部，还是在世界各地的工厂，都在努力前行。他们的领导层不仅是为了吸引更多元的人才和提升公司形象，也是因为一个新发现的、令人信服的财务需求。

这一转变始于新上任的首席执行官委托公司对全球员工进行的首次调查，调查对象包括蒙古、南非和智利等不同国家的员工。这是前所未有的，因为自公司成立以来，传统的自上而下的工程文化一直主导着公司，员工的观点和意见都得不到应有的重视。

公司聘请的顾问建议了四个与包容观念具体相关的问题。这些问卷旨在了解员工认为自己的意见得到倾听和重视的程度，以及他们的专业知识在影响他们工作的决策中被考虑的程度。然后，调查结果被提交给了整个公司所有部门精英组成的内部团队进行分析。

在梳理大量数据时，一名参与该项目的秘鲁工程师注意到，在纳入排名最低的两个地点最近报告了现场安全问题。这激发了她将世界各地的安全记录与调查结果进行比较。在这样做的过程中，她发现了包容性和现场安全之间的直接相关性。在人们感到被倾听和被重视的地方，现场记录都很好；在没有这样做的地方，现场记录很差。

由于矿业的盈利能力可能会受到安全问题的灾难性影响，而且记录不佳的公司可能会失去在特定国家或地区的经营许可证，因此，这些数据为更具包容性的做法提供了有力的财务理由。然而，当高级团队推出一系列举措和新政策时，他们遇到了来自现场主管和经理的阻力，这些主管和经理认为倾听员工的意见是软弱的表现，征求员工的意见是溺爱。

因此，除了开展广泛的再培训之外，该公司决定改变招聘方式以反映其试图强调的价值观。虽然顶级工程学院的学位曾被认为是管理职位的主要任职资格，但该公司现在开始寻找在为员工提供安全服务方面有经验的人：紧急救援人员、重症护理护士、急诊医生、事故缓解专家。也就是说，那些出于帮助他人的愿望并习惯于根据他们通过调查和咨询获得的知识做出决策的人。

从本质上讲，该公司开始根据包容性需求招聘。

汤姆·彼得斯在过去四十年里一直在研究和撰写有关英才的文章，他认为广纳贤才是一种趋势。他以与他合作的一家家庭保健公司为例。这家公司一直面临着一个问题，即某些患者的住院率越来越高，但如果他们的病情早一点被发现，就可以被当作门诊病人来治疗。

当汤姆开始采访这家公司以了解哪里出了问题时，他们发现最主要的问题是他们的一线医务人员没有提出正确的问题，没有认真倾听患者的反馈，没有跟进潜在的有用信息。相反，他们专注于效率和任务完成度。问问题只是为了填写表格的时候打钩。

由于这些发现，该公司决定改变招聘惯例，询问潜在雇员他们曾经做过什么社区服务工作。他们的想法是，那些在社区做过志愿者的人更有可能关心和关注他人。公司会雇佣具有这种背景的人来填补财务、运营和医疗职位。

经过近一年的努力，患者住院率显著下降。

汤姆相信："如果我们在雇佣员工时提倡团队合作，我们90%的问题都可以得到改善。相反，许多组织继续根据技术技能、假定的才华、个人魅力和适当的人脉关系来招聘和提拔员工。实际上，这是筛选公司需要的软技能的有效方法，可以让人们保持积极性和参与度，并为顾客和客户提供一流的服务。"

正如汤姆所指出的，虽然你可以训练技能（这些技能一直在变化），但要训练关心他人的情怀却很难。"不过，你可以为此聘用英才。你要找的是那些善于与他人相处、善于倾听、不会居高临下或对同事进行分类且区别对待的人。有爱心的人会创造出有爱心的公司，所以，确保你的招聘可以反映这一点。记住，那些喜欢对别人颐指气使的大人物往往会产生巨大而持久的影响。"


## 顿悟时刻：现在做什么


我们中的每一个人，无论我们的水平如何，都可以使用本章中描述的方法来帮助建立更具包容性的团队和文化。但是，当领导者全心全意致力于关注行为而不是偏见时，基于行为的方法就会非常有效。

康德乐健康公司（Cardinal Health）的首席执行官迈克·考夫曼（Mike Kaufmann）就是一个很好的例子。迈克非常热衷于推动公司内女性的发展，以至于他只接受邀请外部团体发表主题与多元、平等与包容有关的演讲。

大约 14 年前，迈克决定直接与康德乐健康公司的女性员工资源小组合作，当时这是一个相对较小的新网络。这种亲身经历帮助他更好地理解了女性可以做出的贡献，以及阻碍她们前进的文化和结构限制。因此，他采取了两项行动，旨在使他能够更有效地在公司中为女性发声，并提高女性的参与度，尤其是在高层。

　　首先，他请了一位在女性领导领域拥有数十年经验的外聘教练，专门在性别问题上与之并肩作战。他说："我需要一个能理解挑战并了解进展情况的人。他会告知我需要听什么，而不是我想听什么。"

　　其次，他从康德乐健康公司内部招募了 5~7 名"说真话者"，这些人的任务是让他了解公司在女性方面的成功和挫折。他说："我定期与他们会面。在我发表主旨演讲之后，我会向他们提问。你觉得怎么样？那个演讲如何？我在哪些方面还能做得更好？我还会问他们公司里发生了什么，哪里可能会有潜在的问题，以及人们的言行是否一致。这些对话帮助我了解谁是好员工，谁是坏员工，谁在努力改善情况，谁不积极参与。我不一定会解雇那个坏员工，我也已经做到了。但我会确保，无论是谁都开始以支持我们实现目标的方式行事。

　　两年前，迈克将这种方法扩展到种族问题。他请来了一位外聘教练，一位经验丰富的非裔美国人。他会告诉迈克需要听到的话。他还召集了公司内部 5~7 名"说真话者"定期会面，就种族进展和障碍问题提供反馈。

迈克在公司季度大会上，总是花两个小时讨论与多元、平等与包容相关的话题。他让各级员工以个人的身份或小组的名义分享个人故事。这些故事带来了许多"灵感乍现"的顿悟时刻（aha moment）。

在一次公司大会上，几位招聘经理讨论了女性员工在有高级职位空缺时仍然不愿申请的问题。几名女性也加入进来，描述了为什么这些情况让她们犹豫不决，以及为什么她们经常认为自己缺乏合适的任职资格。

迈克意识到，公司的招聘经理可以不根据谁自愿申请新职位，而是根据经理认为谁是最有资格的候选人来制定潜在的工作名单。这样做的好处多多。他把这个想法付诸实践，很快就有更多的女性得到晋升。

迈克说："我和一个外聘团队谈论了这个经历。后来，一位制药公司的首席执行官打电话说，他被我的言论打动了。他正在物色一名新的首席财务官，两名男性已经加入了角逐，但他认为最有资格的女性没有参选。他本来打算从参选的男员工中挑选一个，但听完我的演讲后，他告诉那位女员工，他认为她是一个理想的候选人。她说她很感激他的邀请，但随后花了半个小时和他争论。她对他说出了她没有准备好接受这种职位的所有原因。"

迈克说，突然之间，这位首席执行官决定停止争论。"他告诉她，他已经下定决心了。他相信她和公司里的任何人一样准备好了，而且可能有更多的实际经验，所以他选择了她。后来他打电话告诉我，她在新岗位上表现出色，他也刚被提升为公司总裁。他说，如果他没有听我的演讲，这一切就不会发生。那是他的顿悟时刻。"

迈克指出，如果不刺激行动和改变行为，顿悟时刻就没有多大意义。因此，他尽可能广泛分享的个人座右铭变成了"顿悟时刻，现在做什么"。

和迈克交谈时，我意识到"顿悟时刻+现在做什么"还描述了本书的结构（触发因素+解决方法）。

第一部分（前九章）描述的触发因素提供了数十个顿悟时刻，同时也确定了应对这些问题的方法。

第二部分（后三章）所描述的包容性实践致力于"现在做什么"：我们可以采取哪些行动来跨越那些让我们的关系停滞不前、阻碍我们建立归属感文化的障碍。

# 第十一章

## 非正式求助

*我们同心崛起，因为我们求助于彼此的支持*

建立归属感文化，听起来是一个有吸引力且有用的想法。把它分解成一些简单的做法，会让它看起来简单易行，比如，最后发言、尊重坚持立场的人和为同事的发展而投资。

但是，仅仅因为它简单，并不意味着它容易。

难题之一是，作为人类，我们似乎天生就有健忘的能力。我们决心以一种更健康或更有益的方式做某事，并在一开始就感到满心鼓舞和充满希望。但几周或几个月后，我们遇到了困难。也许我们感到疲倦、烦躁或沮丧；或许我们只是厌倦了改变所需要付出的努力。在压力下，我们回到习惯性反应和既定行为。随着时间的推移，我们忘记了我们一直努力实现的目标。

改掉任何习惯都是困难的，因为回归到舒适区的感觉很容易、很熟悉、很安全。相比之下，以一种新的方式做某事，需要我们仔细思考自己的行动和反应。我们的大脑和神经系统将其解读为额外的工作，因此将其记录为"不舒适"。如果我们习惯先开口说话，那么，憋着不说会让人觉得尴尬。如果我们总是避开那些我们认为与自己风格不同的人，那么，试图与他们联系会让人觉得虚伪。如果我们习惯于坐在会议室的后排，那么，突然大步走到第一排会让人感到太冒昧，甚至是不礼貌。

请注意，这些行为在本质上都不是尴尬的、假惺惺的或冒犯的。它们给人这种感觉，只是因为我们还不习惯它们。为了继续改变，我们需要忍受一些不舒适的感觉，直到形成了新的习惯。我们需要建立支持的结构，让我们对我们正在努力实现的目标负责。

如果我们缺乏这样的支持，我们的不适感可能会刺激我们编造一些故事以作为回归既定习惯的借口。

叙述如下：

- 我为什么要和这个人说话？我们的共同点太少了！
- 这个会议实在是太无聊了，我该溜出去了。
- 我觉得自己像个白痴，还假装在乎。
- 我为什么要把座位让给那个笨蛋？

这种想法会破坏我们的努力。这就是它们的目的：把我们推回我们的舒适区，这样我们就可以避免改变必然给我们的系统带来的压力。要抵制这种惯性，我们需要对我们的抵抗进行现实检查。这意味着走出我们的思维，求助于外部。

## 非正式寻求支持入门建议

寻求支持给了我们不同视角，也给了我们一种潜在的方式，让我们对自己寻求做出的改变负责。当我们感到改变很困难时，它还为我们提供了坚持下去的额外动力。如果我们特意告诉同事，我们打算实践一种新行为（尤其是在我们寻求他们帮助的情况下），我们更有可能坚持到底，因为我们不想让自己看起来很傻。

知道自己得到了支持，也有助于消除我们内在的健忘，因为我们会看到甚至想到，我们信任的人会提醒我们，我们已经做出承诺，要以不同的方式行事。

让他人参与到我们的努力中来，做出积极的行为改变，通常是个好主意。有很多方法可以做到这一点。我在研讨会和辅导中使用了一种简单的做法，我称之为"非正式求助"。我从马歇尔·古德史密斯的前馈法（Feedforward，寻求针对未来行动的反馈，而不是提供后视镜般的批评）中借鉴了这个技巧。我还借鉴了他的"以利益相关者为中心的辅导"，要求被辅导者征集同事的建议来帮助他们成长。

马歇尔根据一项研究开发了这些实践，旨在研究那些能够长期保持积极行为改变的人的共同点。答案是什么？他们不会独自完成。他们与教练、同行教练或导师合作，导师会给出建议，激励他们，并通过跟进来督促他们承担责任。

当然，不是每个人都请得起教练，我们中的许多人都很难找到合适的导师。非正式求助的好处在于，它使我们中的任何一个人都能适应"不要独自完成"的原则，并将这个原则融入我们的日常环境。它既简单又容易，只需要投入最少的时间，而且没有经济成本。我们甚至不需要考虑太多。我们只需要按照步骤来做，边做边调整。

非正式求助有两种主要方式：第一种是寻求实时支持，第二种是情境式同伴辅导。

## 寻求实时支持

非正式求助最基本的形式，就是在会议、演讲或任何你计划练习新习惯的场合之前寻求支持。

假设你正在为你的团队准备一场面对面的演讲。在此之前，你找一位同事。这里有一个可能的对话脚本：

"今天下午我们要开会，在此之前，我想请你帮个忙。"

"什么事？"

"我要讲的是新软件的推出是如何运作的，我预计会有很多问题。有人反馈说，我在谈论技术时过于详细，让一些人感到困惑。你能帮我观察一下，看看我是不是说得太乱了？还有什么地方我能说得更清楚吗？我真的需要在这方面做得更好，谢谢你的意见。"

"当然，我可以帮到你。"

"谢谢！会议结束后，我会再来听听你的意见。"

当你之后征求意见时，你唯一要做的就是倾听。你不评论，也不解释为什么别人给你的建议可能行不通。你不承诺将来会按照别人给你的建议去做。你就只需要倾听。

然后，你再一次说"谢谢"。

还有什么比这更简单的呢？还有什么比这更有效的呢？看看你都完成了什么：

- 你已经让你的同事知道，你正在努力把某事做得更好，这展示了你的奉献、勤奋和谦逊。
- 你让她知道，你重视和尊重她的意见，并且渴望听到她的意见。
- 你通过坦诚和让自己有些脆弱，主动表现出信任，打开了建立关系的大门。
- 你为自己获得了一些积极有用的想法，而这些想法可能会让你的工作和生活变得更好。
- 你对一个阻碍你的习惯采取了行动，你要求自己对其负责，这增加了你采取行动的可能性。
- 你在个人发展中，寻求了一位同事的支持。
- 你以一种积极的方式扩展了你的人际网络。

关于这个过程，我遇到的最常见的问题是，我应该问谁？答案是，没有那么重要。你不需要特别了解这个人，也不需要觉得你们有很多共同点。只要你相信他们能给你诚实的反馈，那么任何一个能在你尝试不同行为时实时观察你的人都可以。

我遇到的第二个常见的问题是，如果有人拒绝了我，我该怎么办？根据我的经验，除非你的要求不明确，否则这种情况通常不会发生。但如果真的发生了，你只需要感谢那个人考虑了这个问题，然后开始求助其他人。没有必要把"拒绝"理解为嫌弃或不尊重的表现。也许你问的那个人今天过得很糟糕，或者她正在琢磨着和她的伴侣发生的口角。也许她只是不感兴趣。不管什么原因，你都要努力去寻找另一个人。

我们练习这个技巧越多，它就变得越容易，我们就能发现更多需要帮助的地方。很快，当我们试图改变一些事情时，寻求支持将成为我们的首选策略。这将增加我们取得持续成功的可能性。我们也将有一个简单的方法来建立新的人际关系和扩大我们的人际网络。当我们知道有人在背后支持我们时，我们更容易受到鼓舞。


## 情境式同伴辅导

情境式同伴辅导的运作方式与请求实时支持相似，但具体请求不同。与其让别人实时观察你的情况，不如告诉他们你正在努力改变什么，并询问他们有什么建议。

还是那句话，你不需要很了解这个人，不过在这种情况下，你最好问一个你认为在你想要提高的事情上很有技巧的人。

例如：

"弗雷德，你有空聊聊吗？"

"当然。"

"我正在努力使自己的沟通方式更加简洁。有人反馈说，我有时会东拉西扯。我一直很欣赏你说话的干脆利落。我想知道你有没有什么建议给我。你在准备方面有没有什么特别要做的？"

我的意思不是让弗雷德观察你。相反，这是为了让你得到一些可能有用的想法。由于你是因他擅长的领域而寻求支持，那就很难想象弗雷德会对这个合理且对其展现出欣赏的请求感到不满。更有可能的是他会感到很荣幸，并以一种新的、更积极的眼光看待你。你可能会得到有价值的见解和信息。

当弗雷德告诉你他的想法时，无论是当场还是稍后，你要做的仍然是倾听。当然，你可以深入了解他所分享的任何具体实践。但现在不是批评他的提议、承诺未来的行动，甚至间接地表达"好是好，但是……"的时候。你唯一的责任就是感谢他，然后想想他说了什么。你可以自由地采取他的建议，现在或以后都可以。如果你这样做了，你可能想要继续跟进，让他知道结果如何。这样可以让你负起责任，而不会把不必要的责任转嫁给他。

## 真实广告

以上两种简单的练习都有许多优势。你说到做到的可能性更大，因为有人看着你。当你试图走出舒适区时，你会得到支持。你表现出你的热情，表明你愿意接受改变。

而且，你可以宣传你正在改变的事实。

最后一点很重要。通常，和我们一起工作的人（更不用说我们的家人）倾向于把我们和我们实际上已经放弃的习惯联系在一起。"哦，她开会总是迟到。"一个团队成员可能会这样说。而事实上，我们已经付出了巨大的努力，六个月来从未迟到过。问题是，人们并没有特别注意到我们的进步。他们记得我们过去经常迟到，所以继续以这样的角度看待我们。

我们阐明自己正在试图改变什么并寻求帮助，如此，我们更容易让人们注意到我们改变了的行为，因为我们让人们知道我们正在努力的事实。一旦他们听到这个，或者听到几次，他们就会开始注意我们，并信任我们。"你还记得艾瑞斯以前总是迟到吗？天啊，她变了！"

为什么他们突然注意到了呢？因为我们告诉他们我们在做什么，以此来提醒他们。

## 最佳实践

无论你是在寻求实时支持，还是使用情境式同伴辅导，都要记住以下几点：

### 问题要具体

如果你说得太笼统，你可能会把弄清自己意思的负担转移给对方。比起"我需要成为一个更有效的沟通者"，更容易回答的问题是"我想在演讲时表达更简洁，不知道你是否有一些建议。你能帮帮我吗？"

### 限制你的时间框架

人们都很忙，所以当你寻求帮助时，他们想知道需要耗费多长时间来帮助你。你要说明你提出的是一次性请求，如果合适的话，你要明确什么时候会有帮助。"下周一早上有个会，你能来看我开会吗？"比"你能来看我开会吗？"更可取。你不想让你求助的人怀疑这会不会是一项持久的承诺。

### 表示感激，但不要过分

当你争取某人的支持时，你是在请求帮助，所以，即使对方提供的帮助不是特别有用，你也要心存感激。一句简单且真挚的感谢就足够了。抵制用不停的评论来弥补的感谢，说对方有多么了不起。在尊严和感激之间找到平衡，表明你值得他们为你付出努力。

## 变得更好

非正式求助可以帮助我们在任何事情上做得更好，同时也能让我们成为自己理想中的人。此外，它还是建立跨界关系的特效方法。

积极的求助能够帮我们与他人建立意想不到的联系，构造强大和多元的支持网络，并灌输一种有助于开放整个文化的信任感。积极的求助还会让我们变得善于"快速深入"，促使我们与可能不认识的人进行诚实而有意义的对话——这些对话可能有直接或长期的价值。简单地提出一个请求，可以表明我们把对方视为潜在的盟友，我们想把他纳入我们的关系网。

出于所有这些原因，非正式求助是帮助我们同心崛起的有效的、易得的方法之一。

### 非正式求助作为一种工具来应对触发因素

情境式同伴辅导在帮助我们面对可能引发不满和固化分歧的触发因素方面尤其有效。肖恩和贝丝在现实生活中为我们提供了一个很好的例子。

"贝丝，你有空吗？"

"当然。怎么了？"

"我注意到，我在会议上的幽默尝试并不总是如我所愿。有时我只是失败了，但其他时候人们似乎感到冒犯，尤其是女性。我认为当房间里有笑声时，我们的团队工作得更好，这就是为什么我说很多笑话，但我不想表现得令人讨厌。你似乎能以一种非常积极的方式让整个团队笑起来。你能帮帮我吗？"

这是一个很难提出的请求，肖恩在这个潜在的、令人担忧的话题上的坦诚和直接值得赞扬，尤其是贝丝很可能会证实他的直觉，即他在展现幽默方面总是让人感觉很糟糕。但通过让自己展示脆弱，他既表明了他信任她，也表明了他愿意改变。

然后，贝丝提出疑问："肖恩，你是在问我你的幽默什么时候出了问题吗？"

"不，我不专注于过去。木已成舟。我需要向前看。我想问的是，你有没有做过什么或避开过什么，能帮助你如此巧妙地运用幽默。"

贝丝想了一会儿，然后说："谢谢你的赞美，这让我感觉很好。你的问题帮助我思考如何与团队互动。我想到了两件事。首先，我很少依赖笑话，一方面是因为我不擅长讲笑话，另一方面是因为很多笑话都是在取笑别人，即使不是很直白，也挺伤人。此外，在我说任何我认为可能有趣的事情之前，我总是停下来问自己，为什么我想说这些。是为了缓解紧张，是为了让大家团结起来，还是为了让自己显得聪明？如果这是原因，而且经常是，即使我认为这个笑话非常有趣，我也会放手。知道自己想要完成什么，有助于我做出良好的判断，并把团队放在第一位。"

"这真的很有帮助。谢谢你！"

"如果我想起什么，我会告诉你的。你能问这个问题，对我来说意义重大。"

肖恩和贝丝都从这次交流中受益。肖恩得到了两个可行的想法，这两个想法可能会帮助他更熟练地使用幽默技能。贝丝收到了一些反馈，让她知道是什么让她成为一个高效的团队领导者。这可能会帮助她将来更有意识地展开行动。

肖恩和贝丝也通过直接解决一个潜在的尴尬局面来建立彼此的信任。这增强了他们的实力，同时也稳固了他们的团队。

## 以非正式求助为工具来建立包容习惯

请求实时支持是实践包容行为的一个特别有用的方法。让我们看一个例子，看看这是如何运作的。

拉尔斯是公司客户服务部门的领导。在过去的两周里，他一直在和他的团队一起准备一份白皮书，讨论继续提供某一特定产品的利弊。作为战略调整的一部分，高级管理团队正在考虑停止该项目。但他们想知道顾客会作何反应。

露露是这个团队中坚持立场的人，她是基于自己的一线客户经验坚持让产品留在市场上的倡导者。所以，她一直在积极记录公司如何从保持产品继续流通中受益。但她非常积极，不断地催促团队，在白皮书中添加新的论点，或者扩展他们已经提出的观点。她不断产生的问题拖慢了进程。

拉尔斯对露露越来越恼火。她意识到了这一点，并以坚守阵地作为回应。但现在管理层要求团队提交白皮书，拉尔斯需要交付白皮书。

问题是怎么应对露露的做法。

他正在考虑不做任何最后的修改就把白皮书发下去，甚至不让露露征求最后一轮意见。这两种方法都可以完成任务，但都是有代价的。露露是拉尔斯的贡献者之一，他认为减少她的参与价值有限。此外，拉尔斯最初承诺，白皮书将由大家的共识推动，他不想食言。

在这种情况下，拉尔斯可以向露露发出非正式求助，让她来帮助他完成项目。

这里有一个可能的脚本。

"露露，我从楼上得到消息说，他们明天早上的战略会议需要我们的白皮书。关于白皮书，我们还有一些工作要做，所以我将征求一些意见，但我们需要收官了。你一直是一个了不起的贡献者，所以我希望你能给我一些关于如何合作完成这项工作的想法。我不能保证我会采纳你所有的建议，但我很想听听你的建议。我需要你的帮助。"

提出这个请求的好处是什么？拉尔斯颇有说服力的表达展示了他对露露的贡献的重视程度，并有可能化解一些悄悄潜入他们关系的紧张感觉。他让她成为完善白皮书和顺利收尾白皮书的盟友，在白皮书的最终呈现中增加她的参与，从而增加了她为该白皮书进行宣传的可能性，在必要时为其辩护。在充满挑战的环境下，拉尔斯将保持他对协作风格的承诺，这将帮助他成长为一名优秀的领导者。

## 关于信任

我们通过帮助他人及他们反过来帮助我们来同心崛起，所以，尽可能多地实践非正式求助是一个很好的政策。我们不需要特别了解我们求助的人。事实上，非正式求助是更好地了解一个人的有力手段。

虽然信任是积极的，但我们不需要完全信任与我们接触的人。毕竟，我们并没有让自己变得完全脆弱。我们只是诚实地表达我们想要实现的目标，并邀请他们参与其中。我们的风险是微小的，但是，如果我们不习惯提出这类要求，可能会感到不太一样。

当然，事情并不总是如我们所愿。有时我们得不到我们所请求的支持力度。有时我们询问的人对建立一种人际关系和慷慨情义的良性循环毫无兴趣，而这种良性循环是非正式求助最好的结果。

不过没关系。我们无法控制别人的反应。没有必要去评判那些没有回应的人，或批评他们的反应，或将他们排除在外。关键是我们尝试了。简单地练习这项技能就可以帮助我们做得更好，同时也传递了信任和支持的信息。

# 第十二章

## 培养"我们"的力量

*我们通过了解权力的真正本质而同心崛起*

实践包容行为和使用非正式求助，提高了我们建立新关系的能力，同时加强和扩展了我们现有的人际关系。我们通过诚实、展示脆弱性（但不过分）以及直接表达来实现这一点。无论我们的地位如何，这都能增强我们的个人力量，并支持任何与我们结盟的人。这样，我们在构建力量的同时也在传递力量。

这是我们要始终要记住的：当我们变得更强大时，我们团队和我们人际圈的人也会受益。我们的顾客和客户受益，我们的组织也受益。权力中存在着巨大的相互性，但不包括那些囤积权力或利用权力试图削弱和排挤他人的人。这些人的事业（更不用说生活）很少令人满意或可持续：他们总要小心提防，不断削弱他们所依赖的支持。

对于那些认为权力是零和商品的人来说，即使在物质上不是零，在精神上也往往是零。他们被孤立，失去支持，或者被纯交易性质的盟友或不能完全信任的谄媚者包围。他们削弱了周围人的力量，因此他们最终削弱了自己想要领导的企业。

相比之下，那些认识到权力的给予和索取的本质，并以支持它的方式行动的人，创造出的文化会随着时间的推移而加强，而不是削弱。他们利用各级人员的贡献、见解、知识和联系，使组织及其所有关联的价值增长。

正是这种权力的相互培养和传递（这种动态意义上的"我们"）使我们能够同心崛起。

## 四种权力

关于权力，我从泰德·詹金斯（Ted Jenkins）那里学到了最好的一课。他是英特尔早期聘用的工程师之一。英特尔是一家传奇的半导体公司，在硅谷的发展中发挥了关键作用。1994 年，当我为撰写《包容之网》采访他时，公司里的人把他描述为公司文化的守护者，一位了解让英特尔成为巨头的内部动力的老手。他的言论不仅影响了我对《包容之网》的思考，而且从那以后一直影响着我对"非职位权力"的理解。

所谓非职位权力，我指的是与职位没有严格联系的力量。

当时我问泰德的问题很简单：是什么力量让英特尔如此

擅长从各个层次、各个部门的人员那里汲取创新的战略理念？尤其是在英特尔内部重组期间，当公司完全重新定义了其市场地位和客户基础时，这样的力量以惊人的程度消除了传统工业时代中手脑分离的分工：一部分人负责提出想法，另一部分人负责将想法落地。

这种思考与行动、战略与执行的整合，提高了公司利用员工大脑的能力，同时吸收了那些与客户和供应商直接接触的人的见解。创造支持这种广泛参与的条件，使该公司能够从广泛的领域中汲取战略思想。

泰德解释说，英特尔的传统优势在于它如何让资源流向需要解决问题或挑战的地方。他说，在许多公司，"这种情况根本不会发生。我认为，这是因为在大多数组织中，资源倾向于积累：只要有人拥有权力，资源就会被卡住。所以，你最终得到的结果是，少数有权有势的人拥有的资源超过了他们的需要或利用能力，而其他人只能用更少的资源勉强度日。这是静态的、非理性的、低效的"。

泰德指出，传统上，组织的结构都是为了验证和提升职位权力。"人们的假设是，金字塔顶端的人拥有或应该拥有权力。但职位是一种分配和衡量权力的粗糙方式，因为它忽略了权力在一个复杂组织中实际运作的多种方式。"

我们都明白这一点，因为我们都认识到每家企业都有相当于两个组织结构图的东西：正式结构图，它显示了每个人在层次结构或矩阵中的位置；非正式结构图，它显示了使人们能够共享信息和完成工作的所有路线和触角。然而，尽管认识到了这一点，企业往往更愿意把职位权力当成一切来经营。

泰德认为，相比之下，英特尔有明确承认、支持正式和非正式结构图的历史，这使替代权力的基础得以形成并保持资源流动。然后，他阐述了他认为存在于每个组织中并影响着相应组织的四种权力，并表明每种权力都是可持续实力的重要组成部分。

他指出，这四种权力分别为：

- 职位权力。
- 专业知识权力。
- 人际关系权力。
- 个人权威的权力。

下面让我们依次分析。

## 职位权力

职位权力是由你的头衔、工作描述、级别、你在指挥链中的位置决定的。这取决于你在公司组织结构图上的位置。你的职位权力赋予你对特定资源的正式控制和做出特定决策的权力。

但是，尽管职位权力有价值，而且可能是巨大的，甚至是压倒性的，但它始终是外在的，与你的个人才能或价值无关。无论你多么崇高或有声望，你的职位永远只是你暂时占据的位置。它在你的任职之前存在，在你离职后还会继续存在。

## 专业知识权力

专业知识权力根植于你为工作带来的技能和知识，并随着时间的推移而发展。无论是通过正式的培训还是通过日常实践，你都可以进步。这些技能根植于你的大脑，并与你的身体相连，它们是你内在的一部分，而职位权力永远无法做到这一点。它们是你个人智慧的源泉，是你经验累积的总和。

日本伟大的管理思想家野中郁次郎指出，这种智慧天生具有自我更新的能力。他说："具身化的知识⊖是同时产生和消耗的。它的价值随着使用量而增加，而不是像工业产品或商品那样减少。最重要的是，它是一种由人类在彼此的关系中行动并赋予他们经验的资源。"

即使你的正式职位描述中没有详细说明你的内在技能和知识，它们也有可能对你和你的组织有益。如果你是一个喜欢体育博彩的游戏开发者，你就有机会将从凯撒娱乐公司的体育博彩中学到的东西应用到你的团队正在开发的新产品中。如果你是一个曾经经营过餐饮业务的活动策划人，你可能会对什么样的供应商能最适合地支持你即将到来的活动有一些有用的想法。如果你是一名有着即兴表演背景的领导力发展经理，你可能对体验式学习有独到的见解。

通过提供你所知道的信息，你清楚地展示了你在服务自

---

⊖ 存在于员工个体头脑中的隐性知识。——译者注

己和周围所有人方面做出更高水平贡献的潜力。然而，如果那些拥有职位权力的人把控制权握得太紧，组织就很难利用你的专业知识。当你主动提供你的恺撒娱乐运动博彩平台的知识时，你可能会被告知要专注于你的主题；或者你的餐饮供应商的见解可能会遭到拒绝，因为与这些具体的供应商打交道不是你的工作。

这让人感到沮丧和气馁，但因为你的专业知识是内在的，也是独特的，你的个人技能仍然是潜在权力的来源。只要你对自己的贡献不失去信心，并能清楚地表达你努力提供的价值，你就能获得别人对你的尊重。你还可以激励别人扩大视野。

或者，你可以选择把你在公司磨炼出来的才能（时间和金钱方面）带到其他地方。不过，在采取行动之前，你最好先评估一下，或者在其他地方建立所需的支持，正如第七章我们在鲍里斯·格罗伊斯伯格的研究中示范的那样。

## 人际关系权力

人际关系权力来自你的人际关系。这些人既包括你认识的人，也包括你在需要时可以借助的"六度空间"<sup>○</sup>关系。在整个公司中运作这样一个关系网，可以使资源、想法和信

---

○ 1967 年哈佛大学的心理学教授斯坦利·米尔格拉姆（Stanley Milgram）根据这一概念做过一次连锁信件实验，尝试证明平均只需要 6 个人就可以联系任何两个互不相识的美国人。——译者注

息流向最有用的地方。

　　拥有广泛性和多元的内部关系对团队也有帮助，可使其成员更容易从意想不到的地方引入所需的技能和资源。出于这个原因，扩大和加强你的内部网络，使你、你的团队和你的盟友更强大。

　　外部关系也很有价值。它们帮助你在你的社区或行业内建立强大的联系，从顾客和客户那里得到有用的反馈，并挖掘关于新趋势的信息。如果你能对强大的社交或传统媒体联系使用得当，就可以放大你所做贡献的影响，为你的盟友和你的组织提供有力的支持。

　　综上所述，人际关系是你的价值的重要组成部分。同样，即使你的组织未能利用它，它仍然是真实的，因为就像专业知识权力一样，人际关系权力也是你内在的一部分。

## 个人权威的权力

　　个人权威的权力在于无论你的职位是什么，你都有能力在同事之间赢得信任和尊重。个人权威可能（而且往往）与职位权力极不成比例：供应链职员帮助确定新的分销环节，行政人员作为高管的耳目。拥有强大的个人权威，往往会促使资深同事寻求你的观察和判断，从而增加了他们以及你自己的权力。

　　由于人们倾向于与他们信任的人分享信息，拥有强大的个人权威可以让你成为信息的宝库。获取信息可以增强你的能力，但如果你试图通过不加区分地分享你知道的东西来展示这种权力，你就有失去它的风险。轻率和八卦会在一夜之间摧毁你的个人权威，所以你要把它当成一种宝贵的资源。个人权威始终是内在的，但前提是你始终是你周围人信任和可靠的盟友。

泰德·詹金斯还指出，在有毒文化的组织中，领导者倾向于将专业知识、人际关系和个人权威三种权力的广泛分布视为对自身职位权力的威胁，而不是他们可以利用的、使企业更强大的资源。他们不愿培育其他类型的权力，导致普遍的积极性下降，以及创新和增长的能力下降。尽管这些弱点可能需要时间来显现，但对于过分重视职位权力的组织来说，信息和资源堵塞是最典型的直接后果。

泰德认为，英特尔善于培养非职位权力，部分原因是它的矩阵式结构使人们可以频繁地内部流动。这让每个人都有机会建立多元的人际关系和学习各种专业知识。他还认为，英特尔的低员工流失率是一个关键因素。"如果人们在组织中停留的时间短，那么职位权力往往会占主导地位。当人们不断在组织内流动时，职位权力就会失去这个主导。"

## 影响力潜能

彼得·德鲁克对"权力"的定义挺有用的。他将其描述为"影响力潜能"。他认为，只有当我们能够影响他人和事件以创造我们认为理想的结果时，我们才是强有力的。从这个角度看，我们会发现，权力不是强制力，尽管身居高位的人有时会将两者混淆在一起。

当然，如果我们控制了用于奖励或惩罚他人的资源，我们通常可以命令其他人也跟着做。但他们可能会不情愿地去照做，从而导致他们把自己的参与限制在他们认为绝对必要的范围内。此外，他们中总有一部分人会反抗。

这个真理反映了我们在自然界观察到的"极性原则"⊖。任何力量的强烈施加都会引发反作用，因为体系会寻求自我再平衡。既然人类是自然界的一部分，那么这一原则也适用于社会——在家庭、组织、社区和国家之间，这是历史告诉我们的教训。通过激发抵抗，那些试图使用权力而不是使用更微妙的影响力技巧来执行的人，会给世界带来混乱。

德鲁克的定义与泰德·詹金斯所描述的四种权力相一致。我们可能有（也可能没有）做出具体决定的职位权力。然而，通过巧妙地运用我们的人际关系、专业知识和个人权威的三种权力，我们仍然可以影响我们所在企业的发展方向。

我们有意识地开发和磨炼我们的影响力潜能，也参与了文化的塑造。我们每个人都可以发挥作用。文化不是人力资源的工作，也不是领导者的工作，而是我们自己的工作，不管我们拥有什么样的职位。

---

⊖ 极性原则即矛盾统一律，是指现实不是静止不变的，而是由相对的力量组成。——译者注

如果我们的目标是创造一种归属感文化，让各个层级的人都能在这种文化中茁壮成长，这一点就尤为重要。这是因为归属感文化永远不可能由高层强制推行。相反，建立这种文化需要行动、关系和能在每个层级建立信任的能力。

让我们回顾一下序言中的定义。

归属感文化是这样一种文化，其中尽可能大比例的人：

- 感到对组织有所有权，将其视为"我们"而不是"他们"。
- 相信他们因为他们的潜力以及他们的贡献而受到重视。
- 察觉到他们的重要性并不严格与他们的职权地位挂钩。

## 影响力的实践

我们在第十章中描述的包容行为为我们提供了一种建立和行使我们非职位权力的方法。在第十一章中描述的非正式求助的做法也是如此。

- 我们使用"我们"这个第一人称代词，帮助他人避开以"他们"自称。

- 我们询问他人认为自己真正擅长什么，或者他们没有机会使用什么技能，让他们知道我们重视他们的潜力。
- 我们帮助他人建立和扩大他们的人际关系、专业知识和个人权威，我们表明我们完全认可他们是谁，而不是仅仅以他们的职位权力来认同他们。

所以，我们推荐他人上位。我们向坚持立场的人致敬。我们练习积极倾听。我们投资于彼此的成功。

我们让别人确切地知道我们在做什么，在做的同时我们也可以问：我正在努力成为一个更好的倾听者。你觉得我做得怎么样？你有什么建议吗？

跨越性别、种族、性取向、层级和部门的障碍采取这些行动，使我们能够消除这些障碍，并建立尽可能广泛的联盟。我们将我们的网络扩大到更包容、更多元、富有知识和更加强大，从而创造新的权力来源、分配影响力、传播权力，并增加我们自己的权力。

我们通过简单的行为表现出慷慨，从而感受到恩典的力量。正如约翰·巴尔多尼所写的那样，恩典的作用超越了功绩的考量，赐予的祝福不是挣来的，而是可以分享和倍增的。

了解权力的真正本质，可以帮助我们更顺畅地使用力量，因为我们认识到它是一种向善的潜在能量。根据我的经验，即使是身居要职的女性，也常常把权力视为负面的东西。她们这样做的方式和原因与安娜·菲尔斯的患者将雄心壮志视为负面因素的原因相同：他们看到它被恶意行使的情况。"我对权力、力量等字眼不感兴趣，"一些女性告诉我，"我只想拥有一份令人满意的事业。"好像权力和满足感是相互排斥的。

虽然较少见，但我也听到男性否认自己对权力的兴趣："我只是想独自做我的工作。"就好像作为齿轮在机器中工作就能获得所有的回报或过上有意义的生活。

以积极的方式影响事件的能力是人类可以获得的最令人满意的体验。感到无能为力则无法获得这种体验。

马歇尔·古德史密斯对那些坚称自己对权力没有兴趣、不愿追求权力或骄傲地蔑视追求权力者的人提出了一个很好的问题："你相信，如果你和像你一样的人拥有更多的权力，这个世界会变得更好吗？"

大多数人会说"相信"。

"那你为什么不努力变得更强大呢？难道你不想让世界变得更美好吗？"

所以，我以这个问题收尾：

难道你不想吗？

# 致　谢

　　我要对吉姆·莱文（Jim Levine）表示最深切的感谢，他在过去的十年中一直鼓励我，实际上，他一直在催促我写这本书。还有考特尼·帕格内利（Courtney Paganelli），她和吉姆一起工作，想出了完美的标题，同时鼓励我更新自己的参照框架。

　　我还要感谢爱德华·提夫南（Edward Tivnan），他在我最需要帮助的时候给予我及时的、专业的图书内容支持。

　　感谢本书出色的编辑劳伦·马里诺（Lauren Marino），她付出了额外的努力，拓宽了我对本书主题的认识。感谢出版商玛丽·安·那不勒斯（Mary Ann Naples），她看到了我的潜力，并提供了支持。我了解到阿歇特（Hachette）图书集团是多么强大，并期待着在我们前进的过程中与你们所有人合作。

　　非常感谢我自己的团队：卢克·乔尔格（Luke Joerger）、艾萨克·布什（Isaac Bush）、黑斯廷斯数字媒体公司（Hastings Digital Media）的人，还有我的妹妹茜茜·海格森（Cece Helgesen），她的营销见解让事情变得井井有条。感谢我的助理辛西娅·格雷（Cynthia Gray），她负责后勤工作，让我有时间写作。感谢罗伯特·特里维利安

（Robert Trevellyan），我每天都依赖他的技术技能。

感谢我在"100位教练网络"的所有同事，尤其是那些我为写这本书而采访过的人：约翰·巴尔多尼、迈克尔·卡尼克（Michael Canic）、克里斯·卡皮、比尔·开利、派翠亚·戈顿（Patricia Gorton）、露丝·高提安、杰弗里·赫尔、特里·杰克逊、汤姆·科尔迪茨、林赛·波拉克、黛安·瑞恩、莫莉·张、埃迪·特纳和贝弗·赖特。感谢斯科特·奥斯曼（Scott Osman），他让网络成为可靠的快乐之源。

特别感谢南希·巴多尔（Nancy Badore）、汤姆·彼得斯、阿特·克莱纳（Art Kleiner），当然还有马歇尔·古德史密斯对我职业生涯的支持。还有许多客户，他们的故事为本书提供了素材。

我非常感谢我的丈夫巴特·古利（Bart Gulley）、我的同行教练和终身好友伊丽莎白·贝利（Elizabeth Bailey）、玛丽莲·贝瑟尼（Marilyn Bethany），以及整个蒂夫南/贝瑟尼家族（Tivnan/Bethany），他们在我感染新冠病毒期间充当了我的家人。我还要感谢一直与我保持联系的海格森（Helgesen）家族的兄弟姐妹们。

最后，我要感谢我的已故朋友兼同事斯坦利·克劳奇（Stanley Crouch）和罗斯福·托马斯，他们的思想日益显得更具预见性。